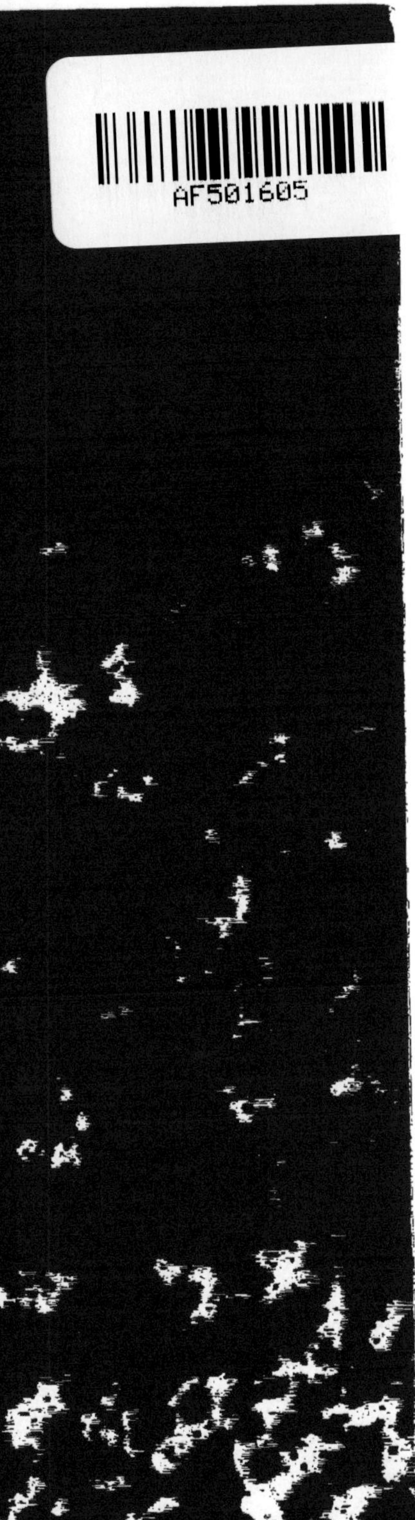

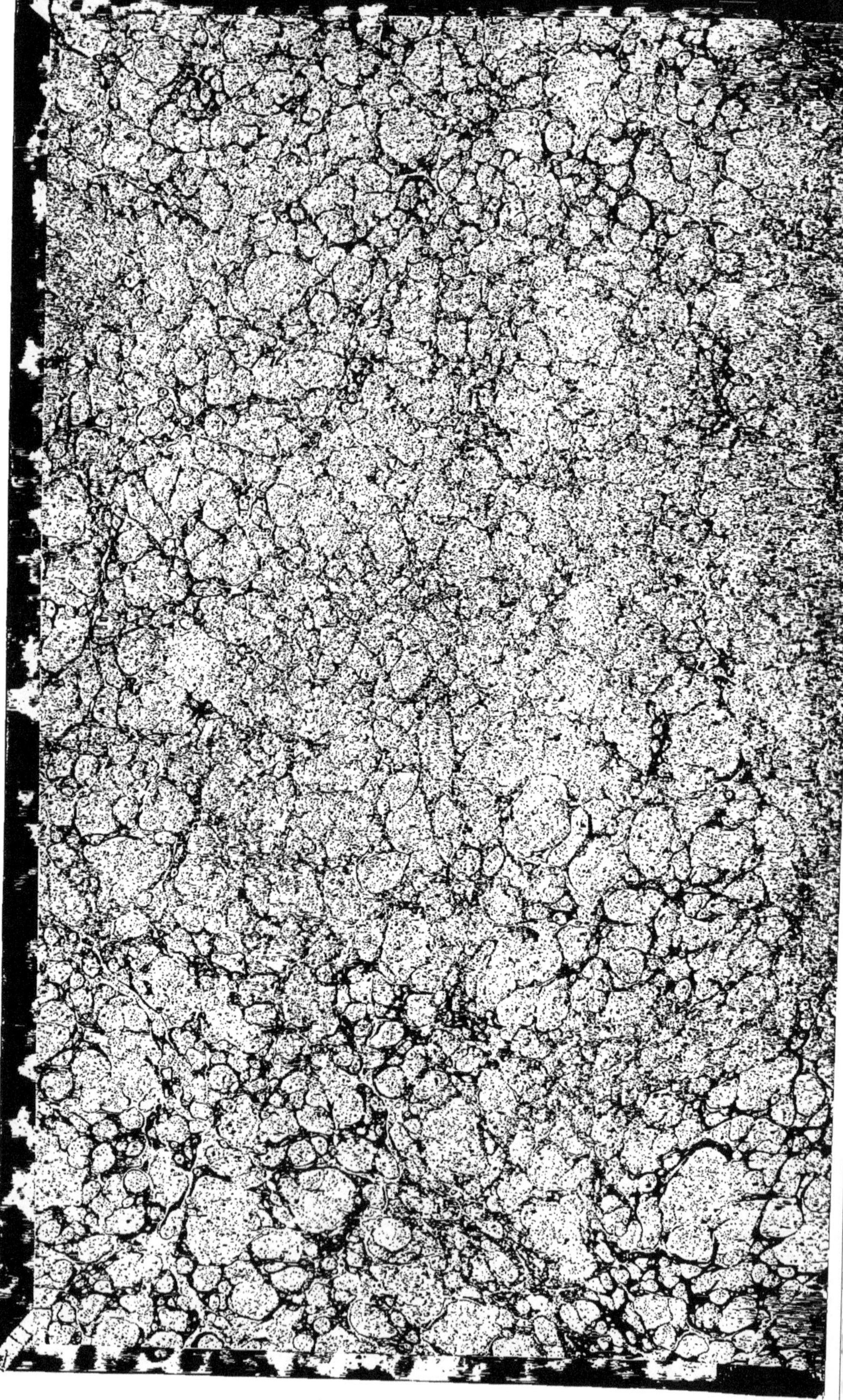

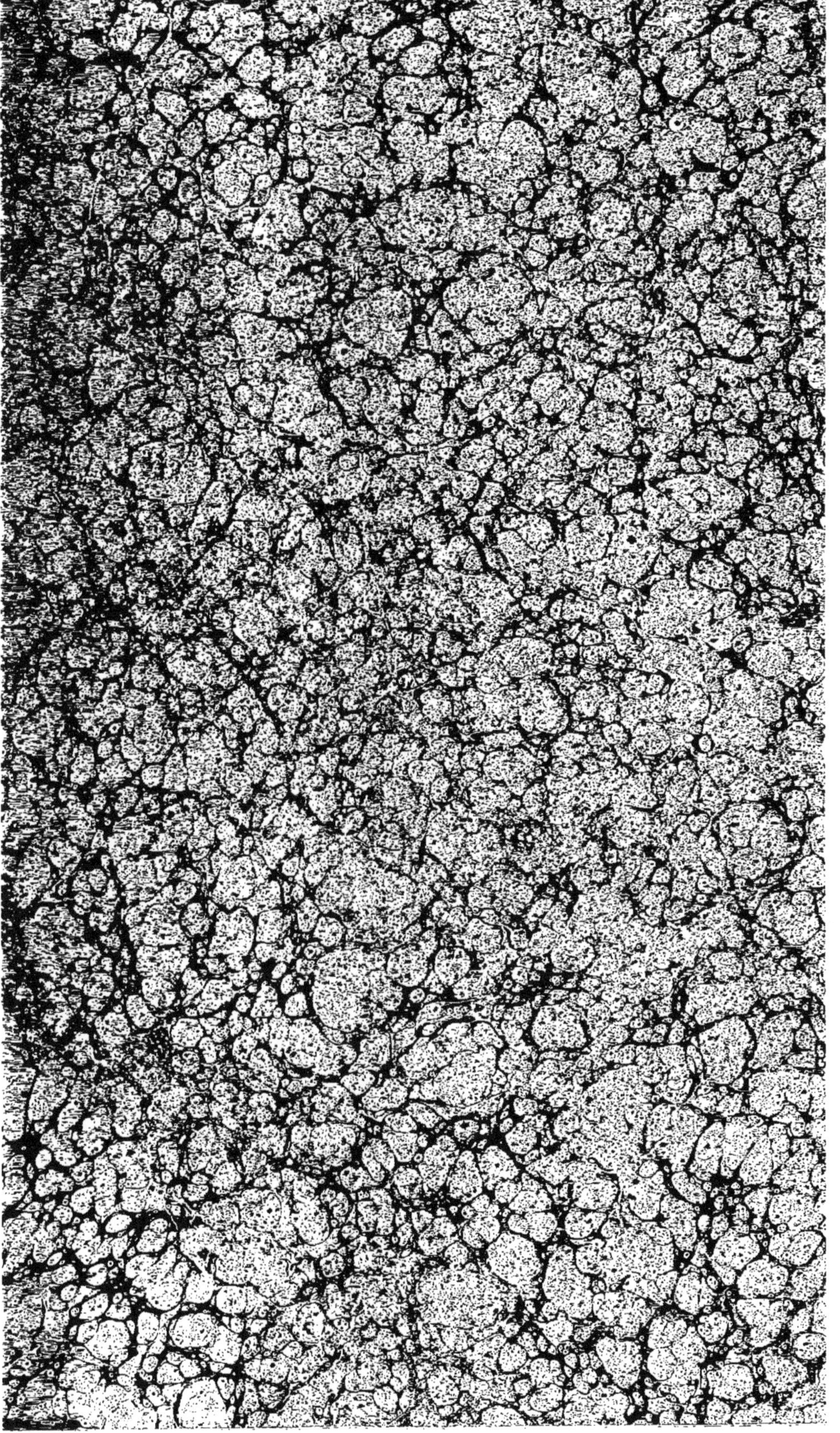

PRÉPARATION

A L'ÉTUDE

DE

LA LANGUE LATINE.

Chaque Exemplaire portera la signature de l'Auteur.

IMPRIMERIE PORTHMANN,
rue Ste.-Anne, n°. 43.

PRÉPARATION

A L'ÉTUDE

DE LA

LANGUE LATINE,

SUIVIE D'UNE

NOUVELLE MÉTHODE

D'ANALYSE LOGIQUE ET D'ANALYSE GRAMMATICALE, ET
DE L'APPLICATION DE CETTE MÉTHODE
A CINQUANTE EXERCICES;

OUVRAGE NOUVEAU,

Au moyen duquel on peut apprendre le latin en 60 leçons,

PAR G. BIAGIOLI,

PROFESSEUR D'ITALIEN ET DE LATIN.

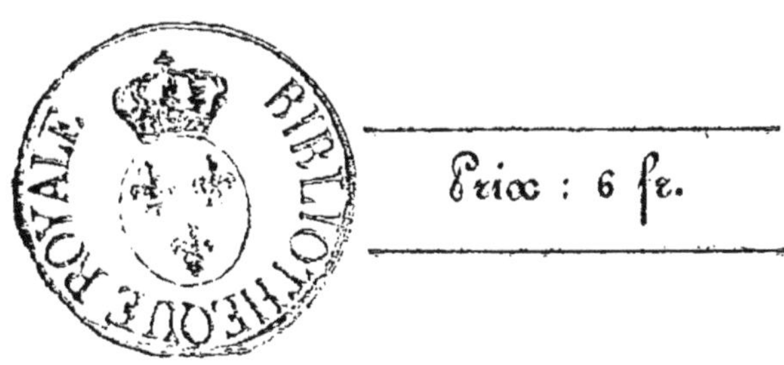

Prix : 6 fr.

A PARIS,

Chez l'AUTEUR, rue Rameau, N°. 8, près la rue Ste.-Anne.

1829.

A M. LE VICOMTE

DE

LA ROCHEFOUCAULD,

AIDE DE CAMP

DE

S. M. CHARLES X,

CHARGÉ

DU DÉP[T]. DES BEAUX-ARTS,

G. BIAGIOLI;

HOMMAGE

DE RESPECT,

DE DÉVOUEMENT

ET

DE RECONNAISSANCE.

AVERTISSEMENT.

Voué dès ma première jeunesse à l'enseignement de ma langue maternelle et de la langue latine, je me suis fait quatre points de méditation qui ont été l'occupation continuelle de ma vie.

1°. D'où vient qu'on sacrifie tant d'années à étudier une langue morte, et surtout le latin, qu'on devrait apprendre en bien moins de temps que la moins difficile de toutes les langues vivantes (*)?

2°. Comment se fait-il qu'après avoir consacré tant d'années à l'étude d'une langue, on ne la connaisse que très-superficiellement,

---

(*) On étudie une langue morte pour en lire les auteurs les plus célèbres, et l'on apprend une langue vivante, non seulement pour comprendre les grands écrivains qui l'ont illustrée, mais aussi pour la parler et pour l'écrire d'après les règles de sa syntaxe et d'après les tournures et les formes qui lui sont particulières.

et qu'on n'en sache généralement qu'autant que la mémoire a pu en retenir ?

3°. Par quelle fatalité arrive-t-il qu'après avoir abandonné quelque temps l'étude et la pratique d'une langue que l'on croyait avoir apprise, on s'aperçoive et l'on avoue qu'on l'a presque tout-à-fait oubliée ?

4°. Quelle peut être la cause pour laquelle plusieurs personnes lisant une période, même dans leur propre langue, le même groupe de mots excite dans l'esprit de chacun un nombre inégal d'idées ? J'entends ces idées qui résultent de l'enchaînement des mots, sous le rapport logique et grammatical, ces idées dont l'harmonie produit l'ensemble qui constitue l'unité de la pensée.

Voilà les questions que, dans le but d'améliorer ma méthode d'enseignement, j'ai soumises à un long et sérieux examen : l'expérience nous apprend combien la solution en est importante.

J'eus bientôt reconnu que la cause de ces inconvéniens ne provient que des méthodes généralement adoptées pour l'étude des langues, méthodes qui, toutes ensemble, n'en font vraiment qu'une seule, celle que le hasard offrit d'abord aux premiers instituteurs de la jeunesse (*) ; je m'occupai sans relâche, autant que me le permettait ma faiblesse, des moyens de remédier à ce désordre si funeste à la classe la plus favorisée de la société. Il me sembla enfin voir mes recherches couronnées de quelque succès. Soit par un effet du hasard, soit plutôt par une suite de mes efforts continuels, une nouvelle méthode d'analyse logique et d'analyse grammaticale vint s'offrir à ma pensée. J'essayai l'application de cette méthode, en m'y exerçant plusieurs heures tous les jours ; je la soumis à des règles de théorie ; je parvins à la réduire à un seul et unique principe, que je ferai connaître à mes lecteurs ; enfin les résultats heureux de l'application que j'en fis aux ouvrages les plus difficiles de ma langue,

(*) Certes, il y a des méthodes qui sortent de cette routine universelle ; je les connais, je les ai lues, et même étudiées. Cependant je n'en nommerai aucune ; ce serait une critique indirecte de toutes les autres. Etranger, dans un pays auquel je dois toute mon existence morale, je ne veux rien blâmer chez ceux qui m'ont honoré d'une si douce hospitalité.

et du latin même, achevèrent de me convaincre de l'utilité de ma découverte.

Cette méthode me semble réunir les avantages suivans :

1°. On peut en faire l'application avec un égal succès à toute langue, quelle qu'elle soit, morte ou vivante ;

2°. L'étude d'une langue apprise par cette méthode devient très-agréable, et très-expéditive même pour ce qui regarde la partie matérielle de son vocabulaire ;

3°. On ne confie rien à la mémoire que par la voie du jugement, faculté intellectuelle que ce genre d'exercice perfectionne de jour en jour ;

4°. Ce travail aplanit les passages les plus difficiles des anciens écrivains, révèle tout vice de construction qu'on pourrait rencontrer dans une période, et nous accoutume à saisir d'un coup d'œil la correspondance de toutes les parties entre elles, leur dépendance progressive, leur liaison, leur harmonie, avec la raison et la cause de tout ;

5°. Cette méthode nous offre un moyen sûr de reconnaître si nous avons bien compris un passage quelconque, en nous révélant la valeur précise des mots dans telle ou telle position, ainsi que l'intégrité de toute expression la plus contractée par l'ellipse ;

6°. Les étudians se mettent en peu de temps au-dessus des erreurs de la routine, et de l'imperfection, ou, pour mieux dire, de la nullité des vocabulaires ; par ce travail en effet la raison se forme, et s'accoutume à ne pas prendre les ténèbres pour la lumière, ni les mots pour les choses ;

7°. On apprend en même temps les principes les plus essentiels de l'idéologie et de la logique, la grammaire générale et la grammaire particulière de la langue à laquelle on applique cette méthode ;

8°. Elle rejette l'usage presque général de borner la connaissance d'une langue à celle de son vocabulaire ; elle ne se contente pas de ne comprendre les choses qu'à peu près, effets inévitables de la routine ;

9°. Cette méthode réduit à un très-petit nombre de principes généraux les règles innombrables, les exceptions arbitraires, les irrégularités supposées des langues les plus difficiles ;

10°. Enfin, elle préserve les étudians du

malheur d'oublier ce qu'ils ont appris, et ne les assujétit pas, comme les méthodes ordinaires, à la nécessité d'une pratique continuelle, presque impossible pour le plus grand nombre.

L'âge où l'on peut apprendre les langues par cette nouvelle méthode, s'étend depuis le jour où le jugement humain a acquis une certaine consistance, jusqu'à celui où il s'éteint tout-à-fait ; c'est-à-dire depuis la première jeunesse jusqu'à la décrépitude.

Plusieurs de mes élèves, qui ont étudié le latin d'après ce mode d'enseignement, sont parvenus en très-peu de temps à des résultats extraordinaires. Ils ont avoué qu'ils avaient plus appris en deux mois, que pendant longues années en suivant la route ordinaire.

Je songeai dès-lors à publier ma méthode ; mais une crainte plus forte que mon désir m'eût fait abandonner ce projet, sans les encouragemens de quelques juges sévères, les seuls que j'aime à me choisir. Leurs conseils, que j'ai scrupuleusement suivis, ont enfin banni de mon âme toute sorte d'hésitation.

En annonçant que, parvenus au terme de

soixante leçons, les élèves auront appris le latin, je veux uniquement faire entendre qu'ils seront en état de continuer, par eux-mêmes, l'étude des classiques, et d'y surmonter toutes les difficultés dépendant du langage. Personne n'ignore en effet que pour apprendre sa propre langue, en prenant ce mot dans toute sa rigueur, l'homme n'a pas assez de sa vie tout entière.

J'ai dit ce que j'ai fait ou plutôt ce que j'ai voulu faire. Si j'ai réussi, comme l'expérience et les effets me donnent lieu d'espérer, je dois ce bonheur à mon seul et unique maître, l'immortel Dumarsais :

Senz' esso non fermai peso di dramma.

Puisse ce nouveau tribut de reconnaissance et d'amour que je paie à ma patrie adoptive, lui prouver du moins que le désir de lui être utile ne m'a jamais abandonné, et ne m'abandonnera qu'à mon dernier soupir!

PRÉPARATION
A L'ÉTUDE
DE
LA LANGUE LATINE.

CHAPITRE PREMIER.

PREMIÈRE SECTION.

DES CAS.

CAS.	LATIN.	FRANÇAIS.
Nominatif.	*Soror;*	Sœur, une sœur, la sœur.
Génitif.	*Sororis;*	De sœur, d'une sœur, de la sœur.
Datif.	*Sorori;*	A sœur, à une sœur, à la sœur.
Accusatif.	*Sororem;*	Sœur, une sœur, la sœur.
Vocatif.	*Soror;*	Sœur.
Ablatif.	*Sorore;*	De sœur, d'une sœur, de la sœur.

Pour exprimer certains rapports que nous indiquons par les *prépositions*, ou même par la place que le nom occupe dans le discours, les Latins donnaient à leurs noms différentes inflexions ou terminaisons qu'ils appelaient *cas* (*casus*), attribuant à ce mot, dont la signification naturelle est *chûte*, le sens de *cadence* ou *terminaison*.

Ces cas n'étant qu'au nombre de six, au singulier

comme au pluriel, les Latins, pour indiquer d'autres rapports que ceux qui sont désignés par les cas, étaient obligés d'employer les mêmes moyens que nous, c'est-à-dire, de faire usage des signes nommés *prépositions*.

Le premier cas était appelé *nominatif;* le second *génitif;* le troisième *datif;* le quatrième *accusatif;* le cinquième *vocatif;* le sixième enfin, *ablatif.*

Nous allons voir l'attribution particulière de chacun de ces cas.

I.

Nox instat.	La nuit approche.

Le *Nominatif*, ainsi appelé parce qu'il ne faisait que nommer l'être ou la chose en question, était destiné à représenter le sujet de la proposition. Dans notre langue, nous distinguons ce terme par la position du nom de l'être qui agit ou qui souffre, puisque, dans la construction directe, il se trouve toujours placé avant le verbe. Ainsi, dans la proposition *nox instat,* la nuit approche, *nox* est le *nominatif* en latin, de même que *la nuit* est, en français, *le sujet de la proposition.*

Conséquence : Tout nom au *nominatif* suppose donc un verbe exprimant l'état ou l'action du sujet que ce nom représente, de même que tout verbe suppose un nom représentant son sujet. Souvent l'ellipse supprime l'un ou l'autre de ces termes, et quelquefois même l'un et l'autre; l'analyse doit restituer dans le discours ce que l'ellipse a sous-entendu.

II.

Umbra noctis. L'ombre de la nuit.

Il est évident que le mot *noctis*, qui est le *Génitif* de *nox*, qualifie le nom *umbra ;* de même que l'expression *de la nuit* qualifie, dans le français, le nom *ombre;* ce qui nous apprend que, chez les Latins, le génitif, ainsi appelé parce qu'il était regardé comme le générateur de tous les autres cas, était destiné à exprimer le *rapport de qualification* (*); rapport indiqué dans le français par la préposition *de*, placée devant le nom qui exprime telle ou telle qualification. Ainsi, *noctis* désigne un *génitif* en latin, et *de la nuit*, un *rapport de qualification*, en français.

Conséquence : Le *génitif* est un véritable qualificatif; ce cas suppose donc toujours un nom, exprimé ou sous-entendu, qu'il qualifie. Il est vrai que le nom qualifié par ce cas, est le plus souvent sous-entendu ; ce qui a donné lieu à mille règles de syntaxe, toutes inutiles, et la plupart fausses, comme

(*) C'est par une suite de ce principe, que le nom au génitif équivaut à un adjectif, comme : *aetheris axis*, Virg.; *aetherius axis*, Ovid.; de même, en français, la préposition *de*, employée comme signe du rapport de qualification, et son complément équivalent à un adjectif.

le montre évidemment la restitution des mots supprimés par l'ellipse.

III.

Dat nocti. Il donne à la nuit.

Le *Datif*, ainsi appelé de son usage le plus fréquent, *dare*, donner, désignait le terme auquel était adressé et destiné l'objet de l'action de l'être agissant; rapport désigné en français par la préposition *à*. Ainsi, *nocti* est un *datif* en latin, et *à la nuit* est un *rapport d'attribution* ou de *tendance* en français.

Conséquence : Puisque le *datif* désigne le terme auquel est destiné et adressé l'objet de l'action du sujet, il est évident que tout nom au datif suppose un adjectif exprimant cette idée de tendance. L'ellipse sous-entend le plus souvent cet adjectif; c'est à l'analyse à le restituer dans le discours.

IV.

Fugio noctem. Je fuis la nuit.

Le quatrième cas était appelé *Accusatif*, du verbe *accusare*, accuser, mettre en cause, citer, etc., parce qu'il était principalement destiné à mettre en cause, à citer, l'objet de l'action du verbe, objet désigné en français par la simple position du nom qui le représente; en effet, ce nom se place immédiatement après le verbe dont il reçoit l'action. Le mot *noctem* est donc un *accusatif* en latin; de même, en français, *la nuit* est l'*objet*.

Conséquence : L'*accusatif* désigne l'objet de l'action d'une cause agissante ; donc tout nom à l'accusatif suppose un verbe d'action, exprimé ou sous-entendu ; de même tout verbe d'action suppose toujours un nom à l'accusatif, exprimé ou sous-entendu. L'ellipse peut sous-entendre l'un ou l'autre de ces termes ; l'analyse doit suppléer à ce défaut (*).

(*) Ce cas, comme nous le verrons en son lieu, peut être complément de la préposition *ad*, exprimée ou sous-entendue ; il semble alors faire la même fonction que le datif. Qu'on ne se laisse point éblouir par cette apparence. Voici ce qui différencie l'une de ces formes de l'autre : le *datif* désigne le terme auquel va aboutir l'objet de l'action de l'être agissant ; l'*accusatif*, complément de la préposition *ad*, montre le terme vers lequel l'action même, ou son objet, est dirigée. Dès que le terme désigné par le *datif* est exprimé, l'action est accomplie ; lorsque le même terme est indiqué par la préposition *ad* et par son complément, l'objet du verbe ne fait que recevoir la première impulsion qui le porte vers le terme de son mouvement. Dès que le *datif* est prononcé, l'intervalle qui sépare l'être agissant du but de son action, est donc franchi : mais, quand la préposition *ad* et son complément sont indiqués, l'œil ou l'imagination mesure l'espace intermédiaire, et suit la marche de l'objet en mouvement jusqu'au point où cet objet doit s'arrêter. Enfin, la propriété de la première de ces formes existe tout entière dans l'adjectif, exprimé ou sous-entendu, qui annonce l'idée relative ; tandis que celle de la seconde dépend entièrement de l'adjectif, exprimé ou sous-entendu, et de la préposition *ad*, qui en dépend.

V.

Nox, veni. Nuit, viens.

Le cinquième cas, qui dans la plupart des noms était le même que le nominatif, s'appelait *Vocatif*, de *vocare*, appeler. Priscien l'appelle aussi *casus salutatorius*, de *salutare*, saluer ; tel est aussi en effet l'usage auquel ce cas est destiné. Nous pouvons l'appeler, dans notre langue, *apostrophe*. Ainsi, tandis que les Latins, pour appeler ou pour saluer quelqu'un, avaient une désinence particulière, un cas exprès, nous nous bornons à prononcer simplement le nom de la personne ou de la chose qu'on appelle ou qu'on salue.

Conséquence : Le *vocatif* sert à appeler; il faut donc que la personne appelée soit présente à celui qui appelle ou bien à son imagination.

Le *vocatif* ne peut pas avoir lieu dans l'analyse logique ; il faut donc toujours lui substituer les propositions dont, au défaut de ce cas, il faudrait faire usage; propositions que les circonstances nous suggèrent aisément, si nous remontons aux formes primitives du langage.

VI.

Ne moveas te ab urbe. Ne t'éloigne pas de la ville.

L'*Ablatif* était le sixième et dernier cas ; il était ainsi appelé du mot *ablatus*, enlevé ; parce que ce cas était destiné à indiquer le lieu, la personne, le terme, en un mot, d'où un être quelconque était séparé ou enlevé. Les Français désignent cette idée de séparation par le *rapport d'éloignement;* rapport indiqué, ainsi que celui de qualification, page 3, par la préposition *de*.

Une remarque de la plus grande importance que nous devons faire ici, c'est que l'*ablatif* est toujours le complément d'une préposition, quelquefois exprimée, mais le plus souvent sous-entendue. Qu'on ne perde pas de vue ce principe, source de lumière et de vérité.

Conséquence : L'*ablatif* ne pouvant être que complément d'une préposition, il s'ensuit : 1°. que, quand cette préposition est sous-entendue, l'analyse doit la restituer dans le discours; 2°. que puisque ce n'est pas la préposition, mais bien un adjectif, qui exprime ce rapport, il faut que cet adjectif soit rétabli dans le discours toutes les fois que l'ellipse l'a supprimé.

Les personnes qui se pénètreront bien de ces principes, auront appris une grande partie des règles qui composent ce qu'on nomme *Syntaxe de la langue latine*.

DEUXIÈME SECTION.

DES DÉCLINAISONS.

Tous les noms ne pouvant pas, à cause de leurs différences d'origine et de forme, subir les mêmes inflexions, on les a rangés en autant de classes qu'il y avait de systêmes de terminaisons. Ces classes sont au nombre de cinq ; il y a donc cinq *Déclinaisons*.

Nous allons les faire connaître par le moyen qui nous paraît le plus simple, laissant de côté tout ce qu'on appelle exceptions ou irrégularités, que l'usage nous fera connaître.

L'adjectif, n'étant autre chose que le nom lui-même considéré avec telle ou telle qualification, on a dû le soumettre aux différentes terminaisons relatives au cas, au genre (*) et au nombre du nom qu'il qualifie. L'adjectif est donc déclinable de même que le nom.

PREMIÈRE DÉCLINAISON.

Les noms masculins et les noms féminins terminés en *a*, ainsi que les adjectifs terminés de même à leur singulier féminin, appartiennent à cette déclinaison.

(*) Les noms latins sont distribués en trois classes par rapport au genre : la première comprend ceux des êtres masculins, et ceux des êtres auxquels on a attribué ce genre ; la deuxième contient les noms des êtres féminins, et ceux des êtres auxquels on a attribué ce sexe ; la troisième, enfin, embrasse les noms des êtres, le plus souvent inanimés, qu'on n'a admis ni dans l'une ni dans l'autre des deux précédentes classes, et que pour cela on appelle *neutres*.

Tableau des variations propres aux noms de la première *Déclinaison.*

SINGULIER.			PLURIEL.	
1.	N.	*a.*	N.	*ae.*
2.	G.	*ae.*	G.	*arum.*
3.	D.	2.	D.	*is*, rarement ***abus.***
4.	Acc.	*am.*	Acc.	*as.*
5.	V.	1.	V.	1.
6.	Abl.	*â.*	Abl.	3.

SECONDE DÉCLINAISON.

Les terminaisons propres de cette déclinaison sont au nombre de quatre : *us*, *er*, *ir*, pour le masculin, et *um*, aussi bien pour les noms que pour les adjectifs au neutre (*).

Tableau des variations propres aux noms de la seconde *Déclinaison.*

SINGULIER.			PLURIEL.	
1.	N.	. . . . .	N.	*i*, *a.*
2.	G.	*i.*	G.	*orum.*
3.	D.	*o.*	D.	*is.*

(*) Dans les noms neutres de toutes les déclinaisons, tant au singulier qu'au pluriel, l'accusatif et le vocatif sont les mêmes que le nominatif; les neutres de la seconde déclinaison terminés en *um* transforment, pour le nominatif pluriel, *um* en *a*. Il n'y a jamais d'*a* final au pluriel que dans le neutre.

Les noms neutres en *us* de la seconde déclinaison n'ont pas de pluriel. Ils n'ont au singulier que le nominatif, l'accusatif et le vocatif. *Virus*, venin, se trouve pourtant à l'ablatif *viro*, mais dans Lucrèce.

4. Acc. *um.*	Acc. *os*, *a.*
5. V. *e*, *er*, *ir*, *um.*	V. 1.
6. Abl. 3.	Abl. 3.

TROISIÈME DÉCLINAISON.

Les terminaisons propres de la troisième déclinaison s'étendent, selon Priscien, au-delà de quatre-vingts, et elle comprend tous les genres.

Tableau des variations propres aux noms de la troisième *Déclinaison.*

SINGULIER.	PLURIEL.
1. N.	N. *es*, *a*, *ia.*
2. G. *is.*	G. *um*, *ium.*
3. D. *i.*	D. *ibus*, rarement *is.*
4. Acc. *em*, *im.*	Acc. 1.
5. V. 1.	V. 1.
6. Abl. *e*, *i.*	Abl. 3.

QUATRIÈME DÉCLINAISON.

La quatrième déclinaison ne comprend que deux désinences, *us* pour le masculin et pour le féminin, et *u* pour le neutre.

Les noms neutres en *u*, indéclinables au singulier, forment le nominatif, l'accusatif et le vocatif du pluriel, en ajoutant la voyelle *a* au nominatif du singulier. Ils forment le génitif pluriel en *uum*: le datif et l'ablatif, les uns en *ibus*, les autres en *ubus*.

Tableau des variations propres aux noms de la quatrième *Déclinaison.*

SINGULIER.			PLURIEL.	
1.	N.	*us.*	N.	*us.*
2.	G.	*ûs.*	G.	*uum.*
3.	D.	*ui.*	D.	*ibus, ubus.*
4.	Acc.	*um.*	Acc.	1.
5.	V.	1.	V.	1.
6.	Abl.	*u.*	Abl.	3.

CINQUIÈME DÉCLINAISON.

La cinquième déclinaison ne comprend que des noms féminins terminés en *es.*

Tableau des variations propres aux noms de la cinquième *Déclinaison.*

SINGULIER.			PLURIEL.	
1.	N.	*es.*	N.	*es.*
2.	G.	*ei.*	G.	*erum.*
3.	D.	2.	D.	*ebus.*
4.	Acc.	*em.*	Acc.	1.
5.	V.	1.	V.	1.
6.	Abl.	*e.*	Abl.	3.

DES NOMS PERSONNELS.

Ces noms sont au nombre de trois : 1°. *ego*, je, moi ; *nos*, nous ; 2°. *tu*, tu, toi ; *vos*, vous ; 3°. *sui*, de soi.

1.

La forme du sujet singulier *ego*, et celle du sujet pluriel *nos*, ont été changées :

Pour les rapports
- de qualification, en *mei* et *nostrûm* ou *nostrî*.
- d'attribution, en *mihi* et *nobis*.
- d'éloignement, etc., en *me* et *nobis*.

Pour l'objet, en *me* et *nos*.

2.

La forme du sujet singulier *tu*, et celle du sujet pluriel *vos*, ont été changées :

Pour les rapports
- de qualification, en *tui* et *vestrûm* ou *vestrî*.
- d'attribution, en *tibi* et *vobis*.
- d'éloignement, etc., en *te* et *vobis*.

Pour l'objet, en *te* et *vos*.

3.

Enfin, la forme *sui* qui convient également au singulier et au pluriel, mais qui n'a pas de nominatif ou sujet, a été changée :

Pour les rapports
- de qualification, en *sui*.
- d'attribution, en *sibi*.
- d'éloignement, etc., en *se*.

Pour l'objet, en *se*.

PREMIER EXERCICE GRAMMATICAL.

On déclinera, soit par écrit, soit de vive voix, les mots suivans, dont les chiffres indiquent la déclinaison.

MODÈLE DE DÉCLINAISON.

Puella tenera, une *ou* la tendre jeune fille.

SINGULIER.

N. *Puella tenera* colligit flores.
G. *Puellae tenerae* preces exaudivit.
D. *Puellae tenerae* coronam dedimus.
A. *Puellam teneram* flentem vidisti.
V. *Puella tenera*, mater te vocat.
A. *A puellâ tenerâ* dona hæc accepi.

PLURIEL.

N. *Puellae tenerae* coronas nectunt.
G. *Puellarum tenerarum* comas miramur.
D. *Puellis teneris* lilia date.
A. *Puellas teneras* ad templum sequimur.
V. *Puellae tenerae*, hâc latet anguis in herbâ.
A *A puellis teneris* flores leguntur.

---

3. 1. *Gen s* (tis) *impia.*	1. *Impia lingua.*	4. 1. *Manus impia.*
1. *Longa via.*	2. 3. *Densum agm en* (inis).	2. *Vi r* (ri) *justus.*
1. *Injusta noverca.*	3. 2. *Gre x* (gis) *magnus.*	2. *Tremulus oculus.*

1. 3. *Honesta mor s* (tis).

2. 3. *Saxum ingen s* (tis).

3. 1. *Virg o* (inis) *pulcherrima.*

1. 3. *Puella sapien s* (tis).

3. 1. *Mulie r* (ris) *dolosa.*

3. 2. *Ensis acutus.*

1. *Ira magna.*

3. *It er* (ineris) *meli us* (oris) (neut.)

3. 2. *Labo r* (ris) *improbus.*

1. *Formosa puella.*

1. *Herba tenera.*

1. 3. *Via difficilis.*

2. 3. *Vi r* (ri) *pruden s* (tis).

3. 2. *It er* (ineris) *amœnum.*

1. 3. *Immundus pulv is* (eris).

3. 2. *Jud ex* (icis) *candidus.*

3. *So l* (lis) *arden s* (tis) (masc.)

2. *Romanum imperium.*

4. 1. *Manus aegra.*

2. 3. *Oculus vigi l* (lis).

3. *Hom o* (inis) *auda x* (cis)

1. 3. *Optima uxo r* (ris).

3. 2. *Den s* (tis) *nig er* (ri) (masc.)

3. *On us* (eris) *maj us* (oris) (neut.)

5. 1. *Dies optima.*

1. *Flamma tremula.*

2. 3. *Humanum gen us* (eris).

3. 2. *Colo r* (ris) *nig er* (ri) (masc.)

3. *Abundan s* (tis) *hom o* (inis).

2. 3. *Populus feli x* (cis).

2. 3. *Ferum co r* (rdis).

2. 3. *Curvus den s* (tis).

2. 3. *Clarus du x* (cis).

3. 2. *Fu r* (ris) *nocturnus.*

2. *Fervidus animus.*

2. *Venenum nigrum.*

3. *Præstan s* (tis) *corp us* (oris) (n^re.)

3. *Co r* (rdis) *fero x* (cis)(neut.)

1. 3. *Horrida grand o* (inis).

2. 3. *Amœnus fon s* (tis).

2. *Bonus animus.*

2. 1. *Pessimus poeta.*

1. 5. *Improba facies.*

1. *Coma lacera.*

1. 5. *Pulchra dies.*

3. 2. *Poten s* (tis) *dominus.*

1. 2. *Agricola assiduus.*

5. 1. *Quies nocturna.*

1. 3. *Antiqua* stirp s (is).

3. *So l* (lis) *arden s* (tis) (masc.)

1. 3. *Humida tellu s* (ris).

CHAPITRE II.

Sur l'emploi des mots appelés Noms *ou* Substantifs.

	EXEMPLES.	ANALYSE.
1.	*Mitte ad me eum panem quem promisisti;* Envoyez-moi le pain que vous m'avez promis.	— — — *eum* panem *quem-promisisti* (*)
	Mitte ad me illum panem; Envoyez-moi le pain.	— — — *Illum* panem (*quem-promisisti.*)
	Exspecto panem quem promisisti; J'attends le pain que vous m'avez promis.	— (*Illum*) panem *quem-promisisti.*
2.	*Panem petit et aquam;* Il demande du pain et de l'eau.	Petit (*illum* cibum) *panem*, et (*illam* potionem) *aquam.*
	Tu eris Solon, ille Xerxes; Tu seras Solon, lui Xercès.	Tu eris (*ille* legislator) *Solon*, ille (erit *ille* bellator) *Xerxes.*

Ces exemples sont rapportés pour avertir les étu-

(*) Lorsque plusieurs mots sont joints par de petits traits (—), cela signifie que le groupe qu'ils composent est équivalent à un seul mot, employé comme nom ou comme adjectif.

Les mots entre parenthèses sont ceux que l'ellipse a sous-entendus, et que l'analyse doit rétablir dans le discours.

diens que ce qu'on appelle généralement *nom* ou *substantif*, n'est tel, et ne peut être envisagé comme tel, que par accident, puisque très-souvent le même mot qui joue le rôle de nom, peut aussi jouer celui d'adjectif.

Lorsqu'un de ces mots est employé comme *adjectif*, cela se fait en vertu de son origine, c'est-à-dire en vertu de l'idée que l'objet qu'il représente a d'abord réveillée en nous par une ou plusieurs de ses qualités ou propriétés. Quand on l'emploie comme *nom*, c'est en vertu de l'idée de substance qui se présente à notre esprit avec l'idée de telle ou telle qualité dont nous sommes frappés en même temps.

Un mot est employé comme *nom* toutes les fois que, sous une forme individuelle (désignant l'espèce entière ou le genre auquel il appartient, ou bien l'être unique dont il est le signe), ce même mot est en même temps déterminé par un adjectif métaphysique exprimé ou sous-entendu (voyez l'analyse des exemples du N°. 1, page 15); et il est employé comme *adjectif* toutes les fois qu'il sert à qualifier ou à déterminer un nom exprimé ou sous-entendu, comme il arrive des mots *panem*, *aquam*, *Solon*, *Xerxes*, des exemples du N°. 2, p. 15.

Il importe de savoir que quand un mot est déterminé par un *adjectif métaphysique*, exprimé ou sous-entendu, celui-ci ne peut qu'énoncer ou exprimer en partie la détermination dont il s'agit : il faut donc que le nom soit suivi d'un *adjectif*, ou d'une *expression qualificative*, ou bien d'une *proposition déterminative*, qui complète la détermination énoncée. L'analyse des exemples qui précèdent nous démontre jusqu'à l'évidence la vérité de ce principe lumineux.

II.

	EXEMPLES.	ANALYSE.
1	*Filius regis*, Fils de roi.	Filius (*unius* individui) *regis*.
2	*Filius regis*, Fils d'un roi.	Filius (*unius*) regis (*ex* -*regibus*).
3	*Filius regis*, Fils du roi.	Filius (*illius*) regis (*de* — *quo* — *loquimur*).
4	*Filius regis*, Un fils d'un roi.	(*Unus*) filius (*unius*—viri) — *regis*.
5	*Filius regis*, Le fils du roi.	(*Ille*) filius (*illius*) — regis — (*quem* — *dicis*).
6	*Filius regis*, Un fils de roi.	(*Unus*) filius (*unius* — viri) — regis.
7	*Filius regis*, Un fils du roi.	(Unus) filius (*illius*) — regis — (*quem* — *dixi*).
8	*Filius regis*, Le fils d'un roi.	(*Ille*) filius (*unius*—viri) — *regis*.

Dumarsais cite cette phrase, *filius regis*, pour nous faire observer qu'elle est l'expression de cinq idées bien distinctes que nous exprimons de cinq différentes manières. L'analyse nous montre que les idées que cette phrase peut exprimer sont au nombre de huit, nous fait connaître la raison et la cause de ces différences, et nous conduit naturellement aux observations suivantes :

1er. *exemple.* On voit, 1°. que le mot *regis* est ici employé comme adjectif, puisqu'il qualifie le nom sous-entendu *individui;* 2°. que lorsqu'un mot est employé adjectivement, si le nom auquel il se rattache est sous-entendu, l'adjectif métaphysique qui détermine ce nom avec le concours de ce même adjectif est également sous-entendu dans la phrase : principe général et commun à toutes les langues.

2e. *exemple.* Le mot *regis* est employé ici substantivement, et l'adjectif métaphysique *unius,* sous-entendu, le détermine avec le concours de l'expression qualificative *ex-regibus*, équivalente à un adjectif.

3e. *exemple.* Le mot *regis* est encore ici employé substantivement, et déterminé par l'adjectif métaphysique sous-entendu *illius*, avec le concours de la proposition sous-entendue *de — quo — loquimur,* équivalente à un adjectif.

4e. *exemple.* Il est évident que, dans cette forme, le nom *filius* est déterminé par l'adjectif métaphysique *unus*, sous-entendu, avec le concours de l'expression *unius-viri-regis*, où le nom *viri* est déterminé par l'adjectif métaphysique *unius* avec le concours du mot *regis* employé adjectivement.

5e. *exemple.* Dans cette forme l'adjectif métaphysique *ille*, sous-entendu, détermine le nom *filius* avec le concours de l'expression *illius-regis-quem-*

dicis, où l'adjectif métaphysique *illius* détermine le mot *regis*, employé substantivement, avec le concours de la proposition *quem-dicis*, sous-entendue, et équivalente à un adjectif.

6e. *exemple.* Ici l'adjectif métaphysique *unus*, sous-entendu, détermine le mot *filius*, employé substantivement, avec le concours de l'expression *unius-viri-regis*; expression où l'adjectif *unius* détermine le mot *viri*, employé substantivement, avec le concours du mot *regis*, employé adjectivement.

7e. *exemple.* L'adjectif métaphysique *unus*, sous-entendu, détermine le mot *filius*, employé substantivement, avec le concours de l'expression *illius-regis-quem-dixi;* et, dans cette même expression, l'adjectif métaphysique *illius*, sous-entendu, détermine le mot *regis*, employé substantivement, avec le concours de la proposition déterminative *quem-dixi*.

8e. *exemple.* L'adjectif métaphysique démonstratif *ille*, sous-entendu, détermine le mot *filius*, employé substantivement, avec le concours de l'expression qualificative *unius-viri-regis;* où l'adjectif métaphysique *unius*, sous-entendu, détermine le mot *viri*, également sous-entendu et employé substantivement, avec le concours du mot *regis*, employé adjectivement.

Ces vérités seront mises dans un plus grand jour au chapitre des adjectifs métaphysiques.

SECOND EXERCICE GRAMMATICAL. (*)

1. *Tu Marcellus * eris.*
2. *Non ego * sum pastor **.*
3. *Omnia Caesar * erat.*
4. *Astrorum ** dominus * sol *.*
5. *Antiochus * Syriae ** rex **.*
6. *Ille princeps * ingenii * et doctrinae * Plato *.*
7. *Id genus * hominum * est pessimum.*
8. *Flumen * Macra * Liguriae ** finis.*
9. *Vitae ** brevis cursus *, gloriae ** sempiternus.*
10. *Fugiens laboris **.*
11. *Divitias * alii praeponunt, bonam * alii valetudinem **, alii honores **, multi etiam voluptates **.*
12. *Ventum erat ad Vestae **.*
13. *Dat Niso ** Mnestheus * pellem *.*
14. *Corinthi ** pueros * docebat.*
15. *Ego mihi * providero.*
16. *Festivi sermonis ** Socratem accepimus.*
17. *Avarus * suus sibi * carnifex * est.*
18. *Mortis ** timens.*
19. *Incensâ Danai ** dominantur in urbe **.*
20. *Totâque vagatur urbe ** furens.*

(*) Chaque astérisque demande à l'élève une note sur le mot qui le précède, tirée des connaissances précédemment acquises, et ces notes doivent être faites par écrit.

CHAPITRE III.

Des Verbes et des Conjugaisons.

Quel que soit le nombre des classes dans lesquelles les verbes latins ont été rangés, soit pour ce qui regarde le mécanisme des conjugaisons, soit pour ce qui a rapport à leur signification, nous ne reconnaissons que deux sortes de verbes; savoir, *verbes d'action* et *verbes d'état.*

Nous placerons dans la première de ces deux classes tous les verbes exprimant une action qui a nécessairement un objet; et nous rangerons dans la seconde, tous ceux qui n'expriment qu'un état du sujet. Ainsi, *amo* [sum amans], j'aime; *imitor* [sum imitans], j'imite, etc., sont des *verbes d'action*, parce que l'adjectif confondu avec le verbe substantif *esse*, exprime une action qui a nécessairement un objet; et *amor* [sum amatus], je suis aimé; *dormio* [sum dormiens], je dors, etc., sont des *verbes d'état*, parce que l'adjectif qui entre dans leur composition, exprime simplement l'état du sujet.

D'après ce nouvel ordre de choses, nous ferons de tous les verbes deux grandes divisions, *verbes d'action* et *verbes d'état*, et nous partagerons chacune de ces deux grandes divisions en deux divisions subalternes, savoir : la première, en *verbes d'action uniformes*, et en *verbes d'action pluriformes :* la seconde, en *verbes d'état dépendant*, et en *verbes d'état indépendant.*

Ainsi le verbe *amare*, aimer, qui fait *amavi*, j'aimai; *amaveram*, j'avais aimé, etc., est un *verbe d'action uniforme ;* mais le verbe *imitari*, imiter, qui fait *imitatus sum*, j'imitai; *imitatus eram*, j'avais imité, etc., est un *verbe d'action pluriforme*, parce qu'il exprime par deux formes ce que le premier représente par une seule. Pareillement le verbe *amari*, être aimé, exprimant un état qui dépend d'une cause hors de son sujet, est un *verbe d'état dépendant ;* mais le verbe *dormire*, dormir, exprimant un état du sujet, indépendant de toute cause externe, est un *verbe d'état indépendant.*

Les conjugaisons des verbes de la langue latine sont au nombre de quatre. Le tableau suivant nous apprend à connaître la forme et la valeur des différentes terminaisons propres à chacune d'elles. Les élèves doivent se rendre ces formes assez familières, pour en reconnaître d'un coup d'œil la valeur précise. Mais il faut d'abord connaître le *verbe substantif* esse, *être.*

CONJUGAISON

Du Verbe substantif esse, *être*.

MODE INDICATIF.

PRÉSENT. *Sum*, je suis; *es*, *est*, *sumus*, *estis*, *sunt*.
IMPARFAIT. *Era m*, j'étais; *s*, *t*, *mus*, *tis*, *nt*.
PARFAIT. *Fu i*, je fus, *ou* j'ai été; *isti*, *it*, *imus*, *istis*, *erunt* ou *ere*.
PLUS-QUE-PARFAIT. *Fuera m*, j'avais été; *s*, *t*, *mus*, *tis*, *nt*.
FUTUR. *Er o*, je serai; *is*, *it*, *imus*, *itis*, *unt*.
FUTUR PASSÉ. *Fuer o*, j'aurai été; *is*, *it*, *imus*, *itis*, *int*.

MODE IMPÉRATIF.

Es ou *esto*, sois; *esto*, *simus*, *este* ou *estote*, *sunto*.

MODE CONJONCTIF.

PRÉSENT. *Si m*, que je sois; *s*, *t*, *mus*, *tis*, *nt*.
IMPARFAIT. *Esse m* ou *fore m*, que je fusse *ou* je serais; *s*, *t*, *mus*, *tis*, *nt*.
PARFAIT. *Fueri m*, que j'aie été; *s*, *t*, *mus*, *tis*, *nt*.
PLUS-QUE-PARFAIT. *Fuisse m*, que j'eusse été *ou* j'aurais été; *s*, *t*, *mus*, *tis*, *nt*.

MODE INFINITIF.

Esse, être. — *Fuisse*, avoir été. — *Fore*, devoir être. — *Futurum*, *futuram*, *fuisse*, avoir dû être. — *Futu rus*, *ra*, *rum*, devant être.

On lira plusieurs fois ce verbe, en joignant à chacune de ses formes un sujet avec telle ou telle qualification à volonté.

CONJUGAISON

Des Verbes réguliers.

VERBES D'ACTION UNIFORMES.	VERBES D'ÉTAT DÉPENDANT.
1re. ⊨ *are*	⊨ *ari.*
2e. ⊨ *ēre.*	⊨ *ēri.*
3e. ⊨ *ĕre.*	⊨ *i.*
4e. ⊨ *ire.*	⊨ *iri.*

Les deux traits (⊨) qui précèdent ces désinences (qui sont celles de l'infinitif, par lesquelles chaque conjugaison est indiquée), représentent la racine de tel ou tel verbe à conjuguer. On appelle racine l'ensemble des lettres invariables qui annoncent la signification de ce verbe, et qui se retrouvent dans toutes ses formes.

MODE INDICATIF.

PRÉSENT.

Je fais.	Je suis fait.
o, **s*, *t*, *mus*, *tis*, *nt*. (*)	*or*, **ris*, *tur*, *mur*, *mini*, *ntur*.
eo, **s*, — — — —	*eor*, * — — — — —
o, *is*, — — — *u*—	*or*, * —*i*— *i*— *i*— *u*—
io, **s*, — — — *u*—	*ior*, * — — — —*iu*—

La première personne de ce temps, dans les verbes d'état dépendant, se forme par l'addition de la lettre *r* à la première personne du verbe d'action uniforme d'où dérive son verbe d'état dépendant.

La seconde personne du singulier, dans toutes les formes simples de ces verbes, est en *ris* ou en *re* : *amaris* ou *amare*, etc.

(*) L'astérisque représente la caractéristique qui, une fois

IMPARFAIT.

Je fesais.		J'étais fait.
* * * *e	ba *m*, *s*, *t*, *mus*, *tis*, *nt*.	Ce temps se forme de son semblable, en changeant *m* final en *r*, *ris*, *tur*, *mur*, *mini*, *ntur*.

Dans tous les temps où la première personne du singulier se termine en *m*, la lettre *m* se change successivement, pour les autres personnes, en *s*, *t*, *mus*, *tis*, *nt*.

PARFAIT.

Je fis.		Je fus fait.	
*v u *v	*i*, *isti*, *it*, *imus*, *istis*, *erunt*.	* *tus* *itus* *us* * *tus*	*sum* ou *fui*.

Les cinq verbes suivans, et leurs composés, *secure*, couper; *domare*, dompter; *cubare*, se coucher; *dare*, donner; *stare*, se tenir debout, font à la première personne de ce temps, *secui*, *domui*, *cubui*, *dedi*, *steti*.

---

indiquée, doit être répétée devant chacune des terminaisons suivantes. La caractéristique est la voyelle qui précède *re* à l'infinitif. Le trait horisontal (—) indique la répétition des lettres qui sont au-dessus de ce même signe.

Il suffira donc, pour conjuguer un verbe quelconque, de joindre à la racine du verbe que l'on veut conjuguer, les terminaisons variables, en plaçant entre ces deux extrêmes la voyelle caractéristique, ou les lettres qu'il faut lui substituer.

Les formes du verbe *faire* en tête de chaque temps en déterminent la signification relative à son époque; on doit les remplacer par les formes correspondantes du verbe français qui traduit le verbe latin que l'on veut conjuguer.

Pavere, avoir peur, fait *pavi;* de même ses composés.

Venire, venir, fait *veni;* de même ses composés.

Le parfait des verbes de la troisième conjugaison est si variable, si capricieux, qu'on ne peut l'apprendre que par les dictionnaires ou par l'usage. Les irrégularités vont quelquefois jusqu'à troubler le radical du verbe. Il en est de même aux temps qui se forment du parfait.

Le parfait des verbes d'état dépendant se compose toujours d'un des temps du verbe substantif *esse* et du participe passé de ces mêmes verbes. Ce participe, qui est toujours au nominatif, varie selon le genre et le nombre : *am atus*, par exemple, *am ata*, *atum*, *ati*, *atae*, *ata*. Il en est de même de tous les autres temps composés.

PLUS-QUE-PARFAIT.

*v u *v	era *m*, *s*, *t*, *mus*, *tis*, *nt*.	* *tus* *itus* *us* * *tus*	*eram* ou *fueram*.

Les verbes de la troisième conjugaison prennent, à ce temps, la racine du parfait de l'indicatif; ils la prennent aussi au futur passé, au parfait et au plus-que-parfait du conjonctif et au parfait de l'infinitif.

FUTUR.

Je ferai.	Je serai fait.
*b *o*, *is*, *it*, *imus*, *itis*, *unt*. *b — — — — — —	Substituez aux désinences ci-contre : b *or*, *eris*, *itur*, *imur*, *imini*, *untur*.
a *m* **s*, *t*, *mus*, *tis*, *nt*. *a *m*, *es*, — — — —	Substituez aux désinences ci-contre: *ar*, *eris*, *etur*, *emur*, *emini*, *entur*.

FUTUR PASSÉ.

J'aurai fait.		J'aurai été fait.	
*v u *v	er *o*, *is*, *it*, *imus*, *itis*, *int*.	* tus *itus* *us* * *tus*	*ero* ou *fuero*.

MODE IMPÉRATIF.

Fais.	Sois fait.
a, a *to*, e*mus*, a *te*, a *nto*.	*are*, *ator*, *emur*, *amini*, *antor*.
e, e—, ea—, e—, e —.	e—, e —, ea—, e —, e —.
e, i —, a —, i —, u —.	e—, i —, a —, i —, u —.
i, i —, ia —, i —, iu —.	i—, i—, *ia*—, i —, *iu*—.

La seconde personne du singulier de l'impératif, dans tout verbe quel qu'il soit, a deux formes, dont l'une est la même que celle de la troisième personne. En outre, dans les verbes d'état uniformes, la seconde personne du pluriel a aussi deux formes : *amate*, *monete*, *legite*, *audite*, et *amatote*, *monetote*, *legitote*, *auditote*.

MODE CONJONCTIF.

PRÉSENT.

Que je fasse.	Que je sois fait.
e ea a ia } *m*, *s*, *t*, *mus*, *tis*, *nt*.	Ce temps se forme de son semblable au verbe d'action uniforme, en changeant *m* final en *r*, *ris*, *tur*, *mur*, *mini*, *ntur*.

IMPARFAIT.

Que je fisse.	Que je fusse fait.
* * * * } re *m*, *s*, *t*, *mus*, *tis*, *nt*.	Ce temps se forme de son semblable au verbe d'action uniforme, en changeant *m* final en *r*, *ris*, *tur*, *mur*, *mini*, *ntur*.

Les formes de ce temps sont aussi celles du conditionnel : *je ferais ; je serais fait.*

PARFAIT.

Que j'aie fait.	Que j'aie été fait.
*v u *v } eri *m*, *s*, *t*, *mus*, *tis*, *nt*.	* *tus* *itus* *us* * *tus* } *sim* ou *fuerim*.

PLUS-QUE-PARFAIT.

Que j'eusse fait.		Que j'eusse été fait.	
*v	isse *m*, *s*, *t*, *mus*, *tis*, *nt*.	* *tus*	*essem* ou *fuissem*.
u		*itus*	
		us	
*v		* *tus*	

Les formes de ce temps sont aussi celles du mode conditionnel, *j'aurais fait; j'aurais été fait.*

MODE INFINITIF.

PRÉSENT ET IMPARFAIT.

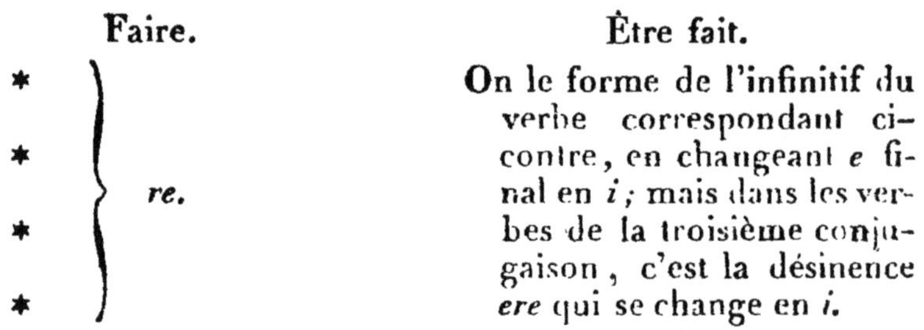

Faire.		Être fait.
*	*re.*	On le forme de l'infinitif du verbe correspondant ci-contre, en changeant *e* final en *i*; mais dans les verbes de la troisième conjugaison, c'est la désinence *ere* qui se change en *i*.
*		
*		
*		

PARFAIT ET PLUS-QUE-PARFAIT.

Avoir fait.	Avoir été fait.	
On le forme de la première personne du parfait de l'indicatif, en changeant *i* final en *isse*.	* *tum*, *tam*	*esse* ou *fuisse*.
	i *tum*, *tam*	
	um, *am*	
	* *tum*, *tam*	

Le participe qui entre dans la composition de ce temps au verbe d'état dépendant, est toujours à l'accusatif, et se modifie suivant le genre et le nombre.

FUTUR.

Devoir faire.			Devoir être fait.		
atu	*rum*, *ram*	*esse.*	and	*um*	*esse.*
itu	— —		end	—	
	— —		end	—	
itu	— —		iend	—	

Le participe futur du verbe d'action uniforme est à l'accusatif, et varie suivant le genre et le nombre.

Ce futur variable peut être remplacé par un autre futur invariable, qui se forme du supin suivi du verbe *ire : amatum ire*, devoir aimer; *monitum ire*, devoir avertir, etc.; mais cette forme est assez rare chez les auteurs.

Le même temps, dans les verbes d'état dépendant, se trouve, quoique rarement, avec une forme invariable, qui se compose du mot *iri* précédé du supin du verbe d'action uniforme: *amatum iri*, devoir être aimé; *monitum iri*, devoir être averti, etc.

FUTUR PASSÉ.

Avoir dû faire.	Avoir dû être fait.

Ce sont les mêmes formes qu'au futur, en substituant *fuisse* à *esse*.

PARTICIPE PRÉSENT.

	Fesant.	Les verbes d'état dépendant manquent de ce temps.
*	*ns*, *ntis* : déclinable.	
*		
*		
*e		

PARTICIPE FUTUR.

	Devant faire.	Devant être fait.
atu	*rus*, *a*, *um*.	* *ndus*, *a*, *um*.
itu	*rus*, — —	* — — —
	rus, — —	* — — —
itu	*rus*, — —	*e — — —

L'un et l'autre de ces participes se déclinent comme un adjectif.

SUPIN.

	A faire.	A être fait.
*	*um*	*t *u*.
it	—	it —
	—	—
*t	*um*.	*t *u*.

Dans la troisième conjugaison, le supin est si variable qu'on ne peut l'apprendre que par les dictionnaires ou par l'usage.

GÉRONDIFS.

De faire, en fesant, pour faire.	
* *ndi*, *ndo*, *ndum*.	Les verbes d'état dépendant n'ont pas ce temps.
* — — —	
* — — —	
*e — — —	

REMARQUES

Sur quelques accidens propres aux Verbes d'état indépendant *et aux* Verbes d'action pluriformes.

Tous les verbes d'état indépendant se conjuguent de même que les verbes d'action uniformes ; et tous les verbes d'action pluriformes se conjuguent comme les verbes d'état dépendant. Il n'y a que quelques formes de l'infinitif où les verbes d'action pluriformes diffèrent des verbes d'état dépendant. Nous allons faire connaître ces différences. Prenons pour modèle le verbe *imitari*, imiter, de la première conjugaison, qui, par conséquent, se conjugue comme *amari*, être aimé.

I.

Futurs et *Gérondifs*. Ces temps, dans les verbes d'action pluriformes, sont les mêmes que ceux des verbes d'action uniformes, qui sont de la même conjugaison. Ainsi, le verbe *imitari* composera ces formes sur celles du verbe *amare*.

II.

Participe futur. Ce participe a deux formes : l'une, qui est celle du verbe *amare*, exprime l'action ; l'autre, qui est celle du verbe *amari*, exprime l'état. La première est *imitatu rus, ra, rum*, devant imiter ; la seconde, *imitan dus, da, dum*, devant être imité.

III.

Supin. Ce temps a aussi deux formes : celle du verbe *amare*, exprimant l'action ; celle du verbe *amari*, exprimant l'état dépendant : *imitatum*, à imiter ; *imitatu*, à être imité.

EXERCICE PARTICULIER.

Les Elèves conjugueront, soit par écrit, soit de vive voix, les verbes qui suivent, ayant sous les yeux le tableau des conjugaisons.

MODÈLE DE CONJUGAISON.

Docere (2e. conjugaison), enseigner, instruire, informer.

PRÉSENT DE L'INDICATIF.

Ego *doceo* adolescentulos latinè loqui.
Tu *doces* puellas canere et psallere.
Rhetor *docet* juvenes artem oratoriam.
Nos *docemus* homines quid ipsis sit faciendum.
Vos *docetis* pueros graecas litteras.
Ferae *docent* hominem pati.

PREMIÈRE CONJUGAISON.

VERBES D'ACTION UNIFORMES.	VERBES D'ÉTAT DÉPENDANT.
Liberare, avi, atum; délivrer.	*Liberari*, être délivré.

Calcare, *avi*, *atum*; fouler.	*Calcari*, être foulé.
Celare, *avi*, *atum*; cacher.	*Celari*, être caché.
Portare, *avi*, *atum*; porter.	*Portari*, être porté.

VERBES D'ÉTAT UNIFORMES.	VERBES D'ACTION PLURIFORMES.
Bellare, *avi*, *atum*; guerroyer.	*Consolari*, *atus sum*; consoler.
Dormitare, *avi*, *atum*; sommeiller.	*Dominari*, *atus sum*; dominer.
Excubare, *ubui*, *ubitum*; découcher.	*Precari*, *atus sum*; prier.
Flagrare, *avi*, *atum*; être brûlant.	*Comitari*, *atus sum*; accompagner.

DEUXIÈME CONJUGAISON.

VERBES D'ACTION UNIFORMES.	VERBES D'ÉTAT DÉPENDANT.
Docere, *docui*, *ctum*; enseigner.	*Doceri*, être instruit.
Exterrere, *ui*, *itum*; effrayer.	*Exterreri*, être effrayé.
Invidere, *idi*, *isum*; envier.	*Invideri*, être envié.
Movere, *ovi*, *otum*; remuer.	*Moveri*, être remué.

VERBES D'ÉTAT UNIFORMES.	VERBES D'ACTION PLURIFORMES.
Carere, *ui*, *itum*; manquer.	*Tueri*, *tuitus sum*; regarder.
Florere, *ui*, »; fleurir.	*Mereri*, *eritus sum*; mériter.
Egere, *ui*, », avoir besoin.	*Fateri*, *fassus sum*; avouer.
Jacere, *cui*, »; être couché.	*Polliceri*, *icitus sum*; promettre.

TROISIÈME CONJUGAISON.

VERBES D'ACTION UNIFORMES.	VERBES D'ÉTAT DÉPENDANT.
Dicere, xi, ctum; dire.	*Dici,* être dit.
Cingere, xi, ctum; ceindre.	*Cingi,* être ceint.
Defendere, endi, ensum; défendre.	*Defendi,* être défendu.
Mittere, isi, issum; envoyer.	*Mitti,* être envoyé.

VERBES D'ÉTAT UNIFORMES.	VERBES D'ACTION PLURIFORMES.
Fremere, ui, »; frémir.	*Nasci, atus sum;* naître.
Discedere, essi, essum; partir.	*Mori, ortuus sum;* mourir.
Vivere, xi, ctum; vivre.	*Frui, itus sum;* jouir.
Cadere, cecidi, casum; tomber.	*Egredi, essus sum;* sortir.

QUATRIÈME CONJUGAISON.

VERBES D'ACTION UNIFORMES.	VERBES D'ÉTAT DÉPENDANT.
Exaudire, ivi, itum; entendre.	*Exaudiri,* être entendu.
Munire, ivi, itum; fortifier.	*Muniri,* être fortifié.
Impedire, ivi, itum; empêcher.	*Impediri,* être empêché.
Expedire, ivi, itum; dégager.	*Expediri,* être dégagé.

VERBES D'ÉTAT UNIFORMES.	VERBES D'ACTION PLURIFORMES.
Venire, eni, entum; venir.	*Blandiri, itus sum;* caresser.
Dormire, ivi, itum; dormir.	*Largiri, itus sum;* donner largement.

Rugire, *ivi*, *itum*; pousser des rugissemens.

Mugire, *ivi*, *itum*; mugir.

Experiri, *ertus sum*; expérimenter.

Ordiri, *orsus sum*; commencer.

VARIATIONS ET SYNCOPES.

Il s'est introduit dans les verbes certaines abréviations ou syncopes qu'il nous suffira d'indiquer.

Le parfait du verbe d'action uniforme en *ivi*, a été contracté par le retranchement du *v*. Il en est de même pour les temps formés du parfait. On a donc dit *audivi* ou *audii*, *audivimus* ou *audiimus*, *audivissem* ou *audiissem*, etc.

Dans la première conjugaison, on a dit *amasse*, *amassem*, pour *amavisse*, *amavissem*; *amasti*, *amastis*, pour *amavisti*, *amavistis*.

La troisième personne du pluriel du parfait des verbes d'action uniformes de la première conjugaison, outre la contraction de *erunt* en *ere*, en admet une plus forte : *amarunt* pour *amaverunt*.

Dans les secondes personnes du singulier des verbes d'état dépendant, on a contracté *is* en *e*. On a dit : *amaris* ou *amare*, tu es aimé ; *moneberis* ou *monebere*, tu seras averti, etc.

Dans les temps composés des verbes d'état dépendant, on a quelquefois remplacé *sum* par *fui*, *eram* par *fueram*, *sim* par *fuerim*, *essem* par *fuissem*.

VERBES IRRÉGULIERS.

Il y a des verbes qui se conjuguent en partie sur le verbe d'action uniforme, et en partie sur le verbe d'état dépendant, quoiqu'ils aient toujours en français la signification du verbe d'action uniforme. Ces verbes sont : *gaudeo*, je me réjouis ; *gavisus sum*, je me suis réjoui ; *audeo*, j'ose ; *ausus sum*, j'ai osé ; *soleo*, j'ai coutume ; *solitus sum*, j'ai eu coutume ; *fido*, je me fie ; *fisus sum*, je me suis fié ; *fio*, je deviens ; *factus sum*, je suis devenu.

On voit que dans ces verbes le parfait a la forme des verbes d'état dépendant. Il en est de même de tous les temps qui se forment du parfait (pag. 36).

Au contraire, il y a des verbes qui expriment un état dépendant, et se conjuguent comme les verbes d'action uniformes. Tels sont : *exulare*, être exilé ; *exulo*, je suis exilé ; *vapulare*, être battu ; *vapulo*, je suis battu, etc.

Fugere, fuir ; *fodere*, creuser ; et tous les verbes terminés en *acere* ou *icere*, en *apere* ou *ipere*, qui sont de la troisième conjugaison, se conjuguent, en certains temps, comme les verbes de la quatrième conjugaison. Ces temps sont, pour le verbe d'action, le présent, l'imparfait et le futur de l'indicatif ; le pluriel de l'impératif ; le présent du conjonctif ; le participe présent ; les gérondifs : dans le verbe d'état dépendant, ce sont les mêmes temps et en outre le participe futur.

Tout verbe qui a un parfait ou un supin, a toujours tous les temps qui dérivent de ceux-là. Les temps dérivés du parfait sont le plus-que-parfait et le futur passé de l'indicatif, le parfait et le plus-que-parfait du subjonctif, enfin le parfait de l'infinitif. Les temps dérivés du supin sont, 1°. le participe passé ; 2°. le participe futur en *urus ;* 3°. tous les temps composés d'un de ces deux participes et d'un temps quelconque du verbe substantif *esse.* Mais tous ces temps dérivés manquent aux verbes qui n'ont pas de parfait ou de supin.

1°. *Posse,* pouvoir. Il se conjugue comme le verbe substantif *esse,* être, de la manière suivante : partout où le verbe substantif *esse* commence par *s,* mettez *pos* devant. Ainsi, *sum, sim,* amèneront *possum, possim.* Partout où le verbe substantif commence par *f,* remplacez *f* par *pot;* ainsi, *fui, fuero,* etc., amèneront *potui, potuero.* Enfin, partout où le verbe substantif commence par *e,* mettez *pot* devant cet *e ;* ainsi, *es, ero,* etc., deviendront *potes, potero,* etc., excepté *esse,* qui devient *posse,* et *essem,* qui devient *possem.* Le verbe *posse* n'a pas de participe futur.

2°. *Prodesse,* servir, être utile. Il se conjugue aussi comme le verbe substantif *esse,* en mettant partout *prod* devant une voyelle, et seulement *pro* devant une consonne. Ainsi, *sum, es, fui,* etc., amèneront *prosum, prodes, profui.*

3°. *Fio,* je deviens, se conjugue comme *audio,* qui est de la quatrième conjugaison, excepté le supin *factu*, l'infinitif *fieri*, le participe futur *faciendus* (devant devenir), et l'imparfait du subjonctif *fierem* (que je devinsse ou je deviendrais).

4°. *Ferre*, porter, fait au parfait *tuli*, et au supin *latum*. Le présent de l'indicatif est, dans la forme du verbe d'action uniforme, *fero*, *fers*, *fert*, *ferimus*, *fertis*, *ferunt*, et, dans la forme du verbe d'état dépendant, *feror*, *ferris*, *fertur*, *ferimur*, *ferimini*, *feruntur*. L'impératif donne, à la première de ces formes, *fer* ou *ferto* ; à la seconde, *ferre* ou *fertor* ; l'imparfait du subjonctif donne *ferrem* et *ferrer*. Du reste, le verbe *ferre* se conjugue comme *legere*, qui est de la troisième conjugaison.

5°. *Velle*, vouloir, parfait *volui*, est sans supin. *Volo*, je veux ; *vis*, *vult*, *volumus*, *vultis*, *volunt*. *Volebam*, je voulais, etc. ; *volam*, *voles*, je voudrai, etc. ; *velim*, que je veuille, etc.; *vellem*, que je voulusse ou je voudrais, etc. ; *volens*, voulant.

6°. *Nolle*, ne vouloir pas, contraction de *non velle* ; parfait *nolui*, sans supin. *Nolo*, je ne veux pas, *nonvis*, *nonvult*, *nolumus*, *nonvultis*, *nolunt*. *Nolebam*, je ne voulais pas, etc.; *nolam*, je ne voudrai pas, etc. ; *noli* ou *nolito*, ne veuille pas ; *nolito*, *nolite* ou *nolitote*, *nolunto*. *Nolim*, que je ne veuille pas, etc. ; *nollem*, je ne voudrais pas, etc. ; *nolens*, ne voulant pas.

7°. *Malle*, aimer mieux, contraction de *magis velle*. Il se conjugue comme *nolle*, en mettant *ma* à la place de *no* et de *non* ; mais il n'a ni impératif ni participe présent.

8°. *Ire*, aller. *Eo*, je vais; *is*, *it*, *imus*, *itis*, *eunt*. *Ibo*, j'irai, etc.; *eunto*, qu'ils aillent. *Eam*, que j'aille, etc.; *iens*, allant (*euntis*). *Eundi*, *eundo*, *eundum*, d'aller, allant ou en allant, pour aller. Du reste, ce verbe est régulier, et prend toutes les désinences du verbe *audire*, quatrième conjugaison.

9°. *Quire*, pouvoir, se conjugue comme *ire*, aller; mais il n'a ni impératif, ni participe, ni supin, ni gérondifs.

10°. *Esse*, manger. Ce verbe n'a que le peu de formes suivantes : *es*, tu manges; *est*, il mange; *estis*, vous mangez; *es* ou *esto*, mange; *esto*, qu'il mange. *Essem*, que je mangeasse ou je mangerais; *esses*, *esset*, etc. *Estur*, on mange.

VERBES DÉFECTUEUX.

1°. *Coepi*, je commence. Ce verbe n'a que le parfait et les temps qui en dérivent; mais la traduction française y rétrograde toujours de temps, c'est-à-dire qu'on traduit le parfait latin par le présent français, le plus que-parfait latin par l'imparfait français, etc. *Coepi*, je commence; *coeperam*, je commençais; *coepero*, je commencerai; *coeperim*, que je commence; *coepissem*, que je commençasse ou je commencerais; *coepisse*, commencer.

2°. *Odi*, je hais; je déteste. Ce verbe se conjugue en latin et en français comme *coepi*.

3°. *Memini*, je me souviens. Ce verbe se conjugue aussi en latin et en français comme *coepi ;* mais il a en outre un impératif qui n'a que les personnes suivantes : *memento*, souviens-toi; *memento*, qu'il se souvienne; *mementote*, souvenez-vous.

4°. *Aio*, je dis. Ce verbe n'a que les formes suivantes : *aio*, je dis; *ais*, *ait*, *aiunt*. *Aiebam*, je disais, etc.; *aisti*, tu as dit ; *aistis*, vous avez dit. *Aï*, dis. *Aias*, que tu dises; *aiat*, *aiatis*, *aiant*. *Aiens*, disant.

5°. *Inquam*, dis-je. *Inquam*, dis-je ; *inquis*, *inquit*, *inquimus*, *inquitis*, *inquiunt*. *Inquiebat*, disait-il ; *inquiebant*, disaient-ils. *Inquisti*, as-tu dit ; *inquit*, *inquistis*. *Inquies*, diras-tu; *inquiet*. *Inque* ou *inquito*, dis. *Inquiat*, qu'il dise ; *inquiant*, qu'ils disent.

Verbes qui n'ont que la troisième personne.

1°. *Oportet*, il faut ; sans supin. *Oportebat*, il fallait ; *oportuit*, il a fallu, etc. Il se conjugue comme *monere*, seconde conjugaison.

2°. *Poenitet*, contraction de *poena tenet*, le repentir tient. *Me poenitet*, je me repens. *Me poenitebat*, je me repentais. *Me poenituit*, je me repentis, etc. On le conjugue comme *monere*.

Il en est absolument de même des verbes suivans :

Pudet (*pudor tenet*, la honte tient), avoir honte.

Piget (*pigritia tenet*, la paresse tient), avoir de la répugnance.

Taedet (*taedium tenet*, l'ennui tient), s'ennuyer.

Miseret (*miseratio tenet*, la pitié tient), avoir compassion.

3°. *Liquet*, il est clair, il est évident; *liquit*, il a été évident, etc. On le conjugue comme *monere*.

4°. *Licet*, il est permis; *licuit*, il a été permis, etc. On le conjugue comme *monere*. Ce verbe a aussi les formes suivantes, qui sont celles du verbe d'état dépendant : *licitum est*, il a été permis, etc.

5°. *Libet*, il plaît. *Libuit*, il plut. Il a aussi les formes du verbe d'état dépendant, *libitum est*, etc. Il se conjugue, en conséquence, comme le verbe *licet*.

OBSERVATIONS ANALYTIQUES SUR LES VERBES.

MODE INDICATIF.

I.

Formes simples.

EXEMPLES.	ANALYSE.
1. *Amo Deum.* J'aime Dieu.	(Ego) sum (*unus vir*) *amans Deum*.

2. *Imitor patrem meum.*	(Ego) sum (*unus* vir) *imitans*
J'imite mon père.	*-patrem-meum.*
3. *Amor à Petro.*	(Ego) sum (*unus* vir) *amatus*
Je suis aimé de Pierre.	*-à-Petro.*

On apprend par cette analyse comment tout verbe adjectif se résout dans les deux élémens qui le composent, dont le premier est le verbe substantif *esse*, et le second un adjectif énonçant la modification particulière que reçoit l'idée de l'existence absolue exprimée par le verbe *esse.*

II.

Formes composées des Verbes d'action pluriformes et des Verbes d'état dépendant.

	EXEMPLES.	ANALYSE.
1.	*Imitatus sum patrem meum.*	(Ego) sum (*unus* vir) *imitatus-(olim)-patrem-meum.*
	J'ai imité mon père.	
	Imitatus fui patrem meum.	(Ego) fui (*unus* vir) *imitatus-patrem-meum.*
	J'imitai mon père.	
2.	*Amatus sum à Petro.*	(Ego) sum (*unus* vir) *amatus-(olim)-à-Petro.*
	J'ai été aimé de Pierre.	
	Amatus fui à Petro.	(Ego) fui (*unus* vir) *amatus-à-Petro.*
	Je fus aimé de Pierre.	

On voit par l'analyse : 1°. que ces participes sont de véritables adjectifs, ce qui les rend déclinables; 2°. que l'idée d'antériorité que ces phrases annoncent, est exprimée dans les unes par l'adverbe *olim*, jadis, ou tout autre mot semblable, toujours sous-entendu; dans les autres, par la forme *fui*, je fus, destinée à indiquer un événement en arrière de l'époque présente; 3°. que ces phrases sont construites d'après un même principe de raison, et qu'il n'y a d'autre différence entre elles que celle qui dérive de la diverse nature des participes, dont les uns expriment une action, et les autres un état.

On appliquera le même raisonnement à toutes les formes ainsi composées de tous les temps des autres modes.

III.

MODE CONJONCTIF.

1.

EXEMPLE.	ANALYSE.
Ut veniret miles velim. Je voudrais que le militaire arrivât.	(Ego) velim *hoc factum quod est :* miles veniret.

On voit par cet exemple que, dans le latin, aussi bien que dans toute autre langue, lorsque le terme d'une volonté quelconque est représenté par un verbe, celui-ci doit être au mode conjonctif. La particule *ut*, syncope de *uti*, qui précède généralement le verbe au mode conjonctif, dérive, selon Scaliger, de l'adjectif relatif grec *hoti*, dont il conserve la signification originelle.

2.

EXEMPLES.	ANALYSE.
1. *Te rogo ut advoles.* Je te prie d'accourir.	(Ego) rogo te *de hoc facto quod est :* (tu) advoles.

2. *Cupio ut hoc impetret.* Je désire qu'il l'obtienne.	(Ego) cupio *hoc factum quod est :* (ille) impetret hoc.
3. *Fac ut redeat.* Fais en sorte qu'il revienne.	(Tu) fac *hoc factum quod est :* (ille) redeat.

On voit par ces exemples que, quelle que soit la forme par laquelle la volonté est exprimée, soit de prière, soit de désir, de commandement, etc., le principe que nous avons exposé ci-dessus est toujours vrai.

3.

EXEMPLES.	ANALYSE.
1. *Sit pro ratione voluntas.* Que ma volonté tienne lieu de raison.	(Ego volo) *hoc factum quod est :* (*haec*) voluntas (*mea*) sit pro ratione.
2. *Nolo me videat.* Je ne veux pas qu'il me voie.	(Ego) *sum nolens hoc factum quod est :* (ille) videat me.

On voit, par ces exemples, que le verbe exprimant l'acte de la volonté en vertu duquel un autre verbe est au mode conjonctif, ainsi que le mot *ut*, peuvent, l'un ou l'autre, et même tous les deux à la fois, être sous-entendus ; ellipse très-souvent pratiquée dans le latin, comme dans toute autre langue.

4.

EXEMPLES.	ANALYSE.
1. *Timeo ut videam illum.* Je crains de ne pas le voir.	(Ego cupiens) ut videam illum, (ego) timeo (*eventum contrarium huic desiderio meo*).
2. *Timeo ne non videam illum.*	(Ego) *non* (cupiens ut ego) non videam illum, (ego)

Je crains de ne pas le voir.	timeo (*eventum contrarium huic desiderio meo*).
3. *Timeo ne videam illum.* Je crains de le voir.	(Ego cupiens ut) ne videam illum, (ego) timeo (*eventum contrarium huic desiderio meo*).

On voit par l'analyse, 1°. que le sens des deux premières expressions est absolument le même; 2°. que, par l'une aussi bien que par l'autre forme, on exprime la crainte que l'événement qu'on désire n'ait pas lieu; 3°. que, par la troisième forme, on exprime la crainte de voir s'effectuer un événement qu'on désire de ne pas voir s'effectuer.

Dans les deux premiers exemples, c'est le désir *de voir la personne*, combattu par la peur d'un événement contraire, qui met mon âme dans cette inquiétude qui s'appelle crainte; mais, dans le troisième exemple, cette même inquiétude vient du désir *de ne pas voir la personne*, combattu par l'idée d'un événement contraire à ce même désir.

§ 5.

EXEMPLES.	ANALYSE.
1. *Utinàm illam minùs amavisses!* Plût au ciel que tu l'eusses moins aimée!	(Ego vellem) *hoc factum quod certè est:* (tu) amavisses illam minùs.
2. *Utinàm illum nunquàm vidissem!* Plût au ciel que je ne l'eusse jamais vu!	(Ego vellem) *hoc factum quod certè est:* (ego) non vidissem unquàm illum.

L'analyse nous apprend que la forme *utinàm* se

compose des élémens *uti*, le même que *ut*, et *nam*, signe d'affirmation très-énergique, équivalent à peu près à l'adverbe *certè*.

IV.

MODE INFINITIF.

I.

EXEMPLES.	ANALYSE.
1. *Dicitur esse doctus.* On dit qu'il est savant.	(Illum) esse (*unum* virum *talem*, *unus* vir) *doctus* (est *unus* vir *qualis*), dicitur.
2. *Se esse doctum dicebat.* Il disait être savant.	(Ille vir) dicebat se esse (*unum* virum) *doctum*.
3. *Quieto tibi licet esse.* Il t'est permis d'être tranquille.	(Te) esse (*unum* virum *similem*-UNI-viro)-QUIETO licet tibi (*).

On voit par l'analyse, que, dans le premier exemple, *doctus* est au nominatif, parce qu'il qualifie le nom sous-entendu *vir*, déterminé par l'adjectif métaphysique *unus* avec le concours de ce même adjectif *doctus*; que, dans le second exemple, l'adjectif *doctum* est à l'accusatif, parce qu'il qualifie le nom *virum* sous-entendu, et que l'expression *unum virum doctum* qualifie le nom personnel *se*, objet

(*) Lorsque l'une des deux parties déterminatives d'un nom contiendra une détermination subalterne, nous emploierons un troisième caractère pour désigner dans cette même détermination subalterne, les deux parties déterminantes. Ainsi l'œil avertira l'esprit de ce qui doit l'occuper particulièrement.

du verbe d'action uniforme *dicebat*; enfin que, dans le troisième exemple, l'adjectif *quieto* est au datif, parce qu'il qualifie le nom sous-entendu *viro*: et que ce même adjectif est un élément de l'expression *uni viro quieto*, complément de l'adjectif *similem*, également sous-entendu, et qualifiant le nom *virum* sous-entendu, que l'adjectif métaphysique *unum* détermine avec le concours de ce même adjectif et de son complément.

2.

EXEMPLES.	ANALYSE.
1. *Meruit esse proximus regi.* Il a mérité d'être le plus près du roi.	(Ille vir) meruit (se) esse (*unum* virum *talem*, *unus* vir) *proximus-regi-* (*est-* UNUS-*vir*-QUALIS).
2. *Invicti Jovis uxor esse nescis?* Ne sais-tu pas que tu es l'épouse de l'invincible Jupiter?	(Tu) nescis (te) esse (*unam* mulierem *talem*, *una*)-*uxor - Jovis - invicti-* (*est-* UNA-*uxor*- QUALIS)?
3. *Divitiae grandes homini sunt vivere parcè.* Ce sont de grandes richesses pour l'homme que de vivre sobrement.	Divitiae grandes sunt (datae *illi*) homini (*qui-sapit*)-*vivere-parcè*.

Que les étudians fassent bien attention à l'analyse de ces phrases, sans laquelle il est impossible de comprendre que, malgré leur apparence contraire, elles sont cependant construites d'après un principe unique de la grammaire générale, comme de la grammaire particulière à toute langue, quelle qu'elle

3.

EXEMPLES.	ANALYSE.
1. *Credo te fore beatum.* Je crois que tu seras heureux.	(Ego) credo te fore (*unum virum*) *beatum.*
2. *Credo te futurum esse beatum.* Je crois que tu seras heureux.	(Ego) credo te esse (*unum virum*) *futurum*-(UNUM-*virum*)-BEATUM.
3. *Credo te futurum fuisse beatum.* Je crois que tu aurais été heureux.	(Ego) credo te fuisse (*unum virum*) *futurum*-(UNUM-*virum*)-BEATUM.

Il suffit ici de faire observer aux étudians : 1°. que les expressions *te fore unum virum beatum; te esse unum virum futurum unum virum beatum : te fuisse unum virum futurum unum virum beatum*, sont l'objet du verbe d'action uniforme *credo ;* 2°. que chacune des expressions *fore unum virum beatum ; esse unum virum futurum unum virum beatum ; fuisse unum virum futurum unum virum beatum*, est l'équivalent d'un adjectif qualifiant le nom personnel *te*, objet du verbe.

4.

EXEMPLES.	ANALYSE.
1. *Cupio amare Deum.* Je désire d'aimer Dieu.	(Ego) cupio (me) amare Deum [me esse *unum* virum *amantem-Deum*].
2. *Credo te amare.* Je crois que tu aimes.	(Ego) credo te amare [te esse *unum* virum *amantem*].

3. *Credebam te amare.* Je croyais que tu aimais.	(Ego) credebam te amare [te esse *unum* virum *amantem*].
4. *Turpe est mentiri.* Il est honteux de mentir.	(*Hoc* vitium) *mentiri* est (*unum* vitium) *turpe.*

On voit par l'analyse, 1°. que, dans les trois premiers exemples, les expressions *me amare Deum* et *te amare* sont l'objet des verbes d'action uniformes, *cupio*, *credo* et *credebam*; 2°. que, dans le 4e. exemple, la forme de l'infinitif *mentiri* est employée comme un véritable qualificatif, puisque l'adjectif métaphysique *hoc* détermine le nom *vitium* avec le concours de ce même infinitif; 3°. que l'adjectif *turpe* a la désinence du genre neutre, parce qu'il qualifie le nom neutre sous-entendu *vitium*; 4°. que l'action exprimée par la première forme de l'infinitif ne désigne par elle-même aucune époque; 5°. enfin, que tout infinitif suppose un nom exprimé ou sous-entendu, contenant l'action désignée par l'infinitif même.

5.

Verbes d'action uniformes.

EXEMPLES.	ANALYSE.
1. *Credo te amavisse.* Je crois que tu as aimé.	(Ego) credo te *fuisse amantem* [te fuisse *unum* virum *amantem*].
2. *Credebam te amavisse.* Je croyais que tu avais aimé.	(Ego) credebam te *fuisse amantem* [te fuisse *unum* virum *amantem*.

Appliquez à ces exemples le même raisonnement que nous avons fait sur les trois premiers exemples du numéro précédent.

Verbes d'action pluriformes.

EXEMPLES.	ANALYSE.
1. *Credo te imitatum esse patrem tuum.* Je crois que tu as imité ton père.	(Ego) credo te esse (*unum virum*) *imitatum-(olim)-patrem-tuum.*
2. *Credo te imitatum fuisse patrem tuum.* Je crois que tu as imité ton père.	(Ego) credo te fuisse (*unum virum*) *imitatum-patrem-tuum.*

On voit par l'analyse la raison qui fait que le résultat de ces deux différentes expressions est absolument le même.

Verbes d'état dépendant.

EXEMPLE.	ANALYSE.
Credo te amatum fuisse. Je crois que tu as été aimé.	(Ego) credo te fuisse (*unum virum*) *amatum.*

L'analyse nous révèle la construction et le sens précis de cette forme.

6.

FUTUR.

Verbes d'action uniformes.

EXEMPLES.	ANALYSE.
1. *Credo te amaturum esse.* Je crois que tu aimeras.	(Ego) credo te esse (*unum virum*) *amaturum.*

2. *Dicunt rempublicam perventurum esse ad summam gloriam.* Ils disent que la république parviendra au comble de la gloire.	Dicunt rempublicam esse (*unum* corpus) *perventurum-ad-summam-gloriam.*
3. *Non puto hoc eam facturum.* Je ne crois pas qu'elle le fasse.	Non puto eam (esse *unum* ens) *facturum-hoc.*
4. *Credo ego inimicos meos hoc dicturum.* Je crois que mes ennemis diront ceci.	Ego credo (*illos*) inimicos *meos* (esse *unum* corpus) *dicturum-hoc.*

Verbes d'action pluriformes.

Credo te imitaturum esse. Je crois que tu imiteras.	(Ego) credo te esse (*unum* virum) *imitaturum.*

Verbes d'état dépendant.

1. *Credo te amatum iri.* Je crois que tu seras aimé.	(Ego) credo te iri [duci] (ad *hoc* actum (*)) *amatum* [je crois toi être devant aller à l'action d'être aimé].
2. *Credo te amandum esse.* Je crois que tu seras aimé.	(Ego) credo te esse (*unum* virum) *amandum* [je crois toi être un homme devant être aimé].

On voit par l'analyse, 1°. que les mots *amatu-*

(*) Cicéron a employé le mot *actum* au neutre ; c'est la forme qui me paraît la plus convenable à nos analyses.

rum, *perventurum*, *facturum*, *dicturum*, *imitaturum*, *amatum*, *amandum*, sont employés comme de véritables qualificatifs; 2°. que les expressions *amatum iri*, *amandum esse*, sont, par rapport au sens, exactement les mêmes.

On analyse de la même manière les formes dites du futur-passé, *amaturum fuisse*, *imitaturum fuisse*, *amandum fuisse*.

7.

PARTICIPE-FUTUR.

Verbes d'action uniformes.

EXEMPLES.	ANALYSE.
Petrus amaturus est. Pierre est sur le point d'aimer.	Petrus est (*unus* vir) *amaturus.*

Verbes d'action pluriformes.

1. *Imitaturus est.* Il est sur le point d'imiter.	(Ille vir) est (*unus* vir) *imitaturus.*
2. *Hoc non est imitandum.* Cela n'est pas à imiter.	Hoc (exemplum) est (*unum* exemplum) *non-imitandum.*

Verbes d'état dépendant.

1. *Haec amanda est.* Celle-ci doit être aimée.	Haec (mulier) est (*una* mulier) *amanda.*
2. *Ad rempublicam gerendum veniunt.* Ils viennent pour régir la république.	(Illi cupientes gerere) rempublicam, (illi) veniunt ad (*hoc* negotium) *gerendum*; [désirant gérer la république, ils viennent à cette affaire devant être gérée].

3. *Dandum canibus hordeaceos panes.* Il faut donner aux chiens du pain d'orge.	(*Illud* nutrimentum *quod-vocamus*)-*hordeaceos-panes* » (est *unum* nutrimentum) *dandum canibus.*
4. *Addendum partes alias erit.* Il faudra ajouter d'autres parties.	(Addere) partes alias » erit (*unum* opus) *addendum.*
5. *Pleraque similiter faciendum.* Il faut faire de même la plupart des choses.	(Facere) pleraque similiter » (est *unum* opus) *faciendum.*
6. *Iterandum eadem ista mihi.* Il me faut répéter ces mêmes choses.	(Iterare) eadem ista » (est *unum* opus) *iterandum*-(*datum*)-*mihi.*
7. *AEternas quoniam poenas in morte timendum.* Puisqu'il faut craindre à la mort les peines éternelles.	Quoniam (timere) poenas aeternas in morte » (est *unum* damnum) *timendum.*

L'analyse nous dispense ici de toute observation.

8.

SUPIN.

Verbes d'action uniformes.

EXEMPLES.	ANALYSE.
Credo te amatum ire. Je crois que tu dois aimer.	(Ego) credo te ire (ad *hoc* actum) *amatum.*

Verbes d'action pluriformes.

1. *Credo te imitatum ire.* Je crois que tu dois imiter.	(Ego) credo te ire (ad *hoc* actum) *imitatum.*

2. *Difficile imitatu.* Difficile à imiter.	(Hoc exemplum est *unum* exemplum) *difficile*-(*in*-HOC-actu)-IMITATU.

Verbes d'état dépendant.

Auditu jucunda. Choses agréables à entendre.	(Negotia) jucunda (in *hoc* actu) *auditu.*

On voit par l'analyse que ces différentes formes sont de véritables adjectifs qui déterminent un nom toujours sous-entendu, avec le concours d'un adjectif métaphysique également sous-entendu.

9.

GÉRONDIF.

EXEMPLES.	ANALYSE.
1. *Tempus est amandi.* Il est temps d'aimer.	(Hoc) tempus est (*unum* tempus) *amandi.*
2. *Fuit exemplorum legendi potestas.* On a eu le pouvoir de lire des exemples.	Fuit potestas legendi (*illas* sententias) *exemplorum.*
3. *Ego, ejus videndi cupidus, rectâ consequor.* Avide de la voir, je vais droit à elle.	Cupidus (in *eâ* cupiditate) *videndi*-(ILLAM personam) -EJUS. . . . .
4. *Beatus eris amando.* Tu seras heureux en aimant.	(Tu) eris (*unus* vir) *beatus* -(in-HOC-actu)-AMANDO.
5. *Paratus sum ad amandum.* Je suis prêt à aimer.	(Ego) sum (*unus* vir) *paratus* -*ad* (HOC-*actum*)-AMANDUM.

On voit par l'analyse que les formes *amandi*, *amando*, *amandum*, sont employées comme de véritables qualificatifs, puisque la première détermine le nom *tempus* sous-entendu, et les deux autres, les noms *actu* et *actum*, également sous-entendus. On voit aussi que la première forme est un génitif, la seconde un ablatif, complément de la préposition *in* ou *cum*, et la troisième un accusatif, complément de la préposition *ad*, quelquefois exprimée, mais le plus souvent sous-entendue.

On voit par les exemples 2 et 3 que les formes *legendi* et *videndi* sont toujours le qualificatif d'un nom sous-entendu par l'ellipse.

10.

ANALYSE

Du Verbe d'état dépendant, lorsque le terme d'où dépend l'état qu'il exprime est sous-entendu.

EXEMPLES.	ANALYSE.
1. *Vivitur.* On vit.	(Vita) vivitur, (*haec* actio *vivendi* profecta ab hominibus).
2. *Peccatur.* On pèche.	(Peccatum) peccatur, (*haec* actio *peccandi* profecta ab homine).

3. *Dicitur.* On le dit.	(*Hoc* factum *de-quo-loquimur*) dicitur, (*haec* actio *dicendi* profecta ab homine).
4. *Amatur.* Il est aimé.	(Ille vir) amatur, (*haec* actio *amandi* profecta ab homine).

Les phrases classiques *vitam vivere*, *peccatum peccare*, *actio vitae*, attestent la régularité de notre analyse.

II.

ANALYSE

Des Verbes qui ne sont employés qu'à la troisième personne.

EXEMPLES.	ANALYSE.
1. *Incipit me poenitere indulgentiae meae.* Je commence à me repentir de mon indulgence.	(*Illa*) poena *indulgentiae-meae* incipit tenere me.
2. *Non te pudent haec verba?* Ne rougis-tu pas de ces mots?	*Haec* verba (*quae-dicis*) non tenent te (cum) pudore?
3. *Taedet nos vitae.* Je m'ennuie de la vie.	(*Illud*) taedium *vitae* tenet nos.
4. *Me civitatis morum piget.* Les mœurs de la ville m'affligent.	(*Haec*) poena *morum-civitatis* tenet me.
5. *Eorum nos magis miseret qui nostram misericordiam non requirunt, quam qui illam efflagitant.*	(*Illa*) misericordia *eorum-qui-non-requirunt-misericordiam-nostram* tenet nos magis, quam (*illa* misericor-

Nous avons plus de pitié de ceux qui ne cherchent pas notre commisération, que de ceux qui la demandent.	dia *eorum*)-*qui-non-efflagitant-illam.*
6. *Licet nemini contra patriam ducere exercitum.* Il n'est permis à personne de conduire une armée contre la patrie.	(*Hoc* actum) *ducere-exercitum – contra-patriam* licet nemini.
7. *Sunt homines quos infamiae suae neque pudent, neque taedent.* Il y a des hommes qui ne sont ni affligés ni honteux de leur infamie.	(*Aliqui*) homines (*hominum*) sunt, neque pudor neque taedium (*illius*) infamiae *suae* tenent quos.
8. *Et me haec conditio nunc poenitet.* Et je suis moi-même affligé de cette condition.	Et *haec* conditio (*de-quâ-loquimur*) tenet me nunc (cum) poenâ.
9. *Sapientis est proprium, nihil, quod poenitere possit, facere.* C'est le propre du sage de ne rien faire dont il puisse se repentir.	(*Hoc* actum) *facere - nihil-quod-possit-tenere* - (*hominem - cum*) - *poenâ* » est (*unum* actum)-proprium *sapientis.*

12.

ANALYSE

Des expressions opus est, opus sunt.

EXEMPLES.	ANALYSE.
1. *Dux nobis et auctor opus est.* Il nous faut un guide et un conseiller.	Dux et auctor est (*unum*) opus (*necessarium*)-*nobis.*

2. *Hujus nobis exempla permulta opus sunt.* Il nous faut beaucoup d'exemples de cela.	Permulta exempla hujus sunt (*unum*) opus (*necessarium*) -*nobis*.
3. *Cochleis parvus cibus opus est.* Les escargots ont besoin de peu de nourriture.	Parvus cibus est (*unum*) opus (*necessarium*)-*cochleis*.
4. *Puero opus est cibum.* L'enfant a besoin de nourriture.	(Dare) cibum puero est (*unum*) opus (*necessarium*).
5. *Nunc tibi opus est aegram ut te assimules.* Il faut maintenant que tu fasses la malade.	Ut assimules te aegram est nunc (*unum*) opus (*necessarium*)-*tibi*.
6. *Gratiâ opus est nobis tuâ.* Nous avons besoin de votre faveur.	(*Illud* opus *pendens-à*)-*gratiâ-tuâ* » est (*unum*) opus (*necessarium*)-*nobis*.

TROISIÈME EXERCICE GRAMMATICAL.

1. *Iturus* * *est ipse in Seleuciam* *.
2. *Nolo mentiare* * *.
3. *Malo* * *laudari* * *quàm culpari* *.
4. *Ad honores* * *adipiscendum* * *veniunt*.
5. *Rempublicam* * *gerendi* * *spe* * *veniunt*.
6. *Rempublicam* * *gerendo* * *operam* * *dabit*.
7. *Spero* * *fore* * *ut contingat* * *id nobis* *.
8. *Res* * *gerendum* * *est*.
9. *Faciendum* * *est quod vis* *.
10. *Interrogavit* * *an bove* * *esset latior*.
11. *Scire* * *tuum nihil est*.

12. *Pater * esse * disce * ab illis * qui verè sciunt *.*
13. *Virtus * est fugere * vitium *.*
14. *Quid sit * futurum * cras fuge quaerere.*
15. *Pollicita * est ea se concessuram * ex aedibus *.*
16. *Sine me * expurgem * *.*
17. *Valeant * qui inter nos * dissidium volunt *.*
18. *Vereor ut placari * possit * *.*
19. *Nunquàm utile est peccare * quia semper est turpe *.*
20. *Utinàm * Dî ita faxint **.*
21. *Acriter usque ad vesperum * pugnatum * est.*
22. *Pater * hùc me misit * ad vos oratum * meus.*
23. *Brutum *, ut scribis, visum * iri à me puto.*
24. *Nihil est dignius quod ametur *.*
25. *Lusum * it Maecenas, dormitum * ego, Virgiliusque.*
26. *Dictu * quàm re facilius.*
27. *A me * utinàm * inciperes * ferus * esse.*
28. *Moriendum * est omnibus.*
29. *Nullum tempus * illi unquam vacabat à cogitando *.*
30. *A discendo * senectus * sapientem * non deterret *.*

CHAPITRE IV.

Des Adjectifs physiques.

I.

EXEMPLES.	ANALYSE.
1. *Petrus est bonus.* Pierre est bon.	Petrus est (*unus* vir) *bonus.*
2. *Maria est bona.* Marie est bonne.	Maria est (*una* mulier) *bona.*

La qualité est inséparable de la substance qu'elle qualifie; donc, toutes les fois qu'un adjectif n'est pas immédiatement en contact avec un nom, c'est que le nom auquel il appartient est sous-entendu.

2.

EXEMPLES.	ANALYSE.
1. *Petrus est bonus, prudens, et probus.* Pierre est bon, prudent et honnête.	Petrus est (*unus* vir *qui-est* -UNUS-*vir*)-BONUS, (et *qui-est*-UNUS-*vir*)-PRUDENS, et (*qui-est*-UNUS-*vir*)-PROBUS.
2. *Maria est bona, prudens, et proba.* Marie est bonne, prudente et honnête.	Maria est (*una* mulier *quae* -*est*-UNA-*mulier*)-BONA,(et *quae*-est-UNA-*mulier*)-PRUDENS, et (*quae-est*-UNA *mulier*)-PROBA.

On doit apprendre ici comment il faut procéder dans l'analyse de plusieurs propositions similaires elliptiques, exprimant chacune une attribution d'un seul et même objet.

3.

EXEMPLE.	ANALYSE.
Pater et filius sunt boni. Le père et le fils sont bons.	Pater (est *unus* vir *bonus*), et filius (est *unus* vir *bonus*); (*hi* viri *duo*) sunt (*duo* viri) *boni*.

On voit par l'analyse la fausseté de ce principe : « que quand un adjectif se rapporte à deux noms, « on met cet adjectif au pluriel, parce que deux « singuliers valent un pluriel. »

Cette même analyse nous conduit à établir ce principe lumineux : que l'adjectif ne peut avoir rapport qu'à un seul nom.

4.

EXEMPLE.	ANALYSE.
Pater et mater sunt boni. Le père et la mère sont bons.	Pater (est *unus* vir *bonus*), et mater (est *una* mulier *bona*); (*hi* individui *praedicti*) sunt (*duo* individui) *boni*.

Cette analyse nous révèle la bizarrerie de ce principe : « que quand un adjectif se rapporte à deux « noms de différens genres, l'adjectif prend le plus « noble des deux genres. »

5.

EXEMPLE.	ANALYSE.
Virtus et vitium sunt contraria. La vertu et le vice sont contraires.	Virtus (est *una* res *contraria-vitio*), et vitium (est *unum* negotium *contrarium-virtuti*; (*haec* negotia *duo*) sunt (*duo* negotia) *contraria*.

On lit dans les grammaires faites pour les enfans : « L'adjectif qui se rapporte à plusieurs noms de « choses inanimées, se met au pluriel neutre. » L'analyse nous démontre l'absurdité de ce principe, et nous révèle la vérité.

6.

EXEMPLES.	ANALYSE.
1. *Dulce est desipere in loco.* Il est doux de faire des folies en temps et lieu.	(*Hoc* actum) *desipere-in-loco* est (*unum* actum) *dulce*.

2. *Turpe est esse pigrum.* Il est honteux d'être paresseux.	Esse (*unum* hominem) *pigrum* est (*unum* vitium) *turpe.*

On nous a dit dans notre enfance : « L'adjectif « qui ne se rapporte à aucun nom, se met au neu- « tre. » L'analyse, en nous montrant l'absurdité d'un tel principe, nous apprend de plus, 1°. que l'infinitif *desipere* est ici employé adjectivement, ainsi que nous l'avons fait observer plus haut, puisqu'il qualifie le nom *actum* sous-entendu, déterminé par l'adjectif métaphysique *hoc* avec le concours de ce même infinitif; 2°. que les adjectifs *dulce* et *turpe* ont la terminaison propre au genre neutre, parce qu'ils qualifient un nom sous-entendu, du même genre.

7.

EXEMPLES.	ANALYSE.
1. *Do tibi hanc nigram quae est mea, fratri autem tuo illam albam quam inveni.* Je donne à toi la noire qui m'appartient, et à ton frère la blanche que j'ai trouvée.	Do tibi *hanc* nigram *quae-est-mea,* autem (do) fratri tuo *illam* albam *quam-inveni.*
2. *Haec nigra sit mihi, illa alba tibi.* Que cette noire soit à moi, et celle qui est blanche à toi.	*Haec* nigra ·X· sit mihi, *illa* alba ·X· tibi (*).

(*) Le signe ·X· représente l'adjectif ou l'expression équivalente à l'adjectif, avec le concours duquel le prépositif détermine le nom. Ici, par exemple, ce signe représente la proposition *quam vides.*

3. *Da mihi albam, et fratri meo nigram.* Donne-moi la blanche, et la noire à mon frère.	Da mihi (*istam*) albam ·X·, et fratri meo (*illam*) nigram ·X·.

L'analyse de ces exemples nous révèle une propriété de l'adjectif, propriété appartenant à toute autre espèce de mots, qui est celle de pouvoir être employé comme *nom*. En ce cas, l'adjectif employé substantivement est toujours déterminé par un adjectif métaphysique, exprimé ou sous-entendu, avec le concours, soit d'un adjectif, soit d'une proposition, soit d'une expression quelconque équivalente à un adjectif. Ainsi, dans le premier exemple, les adjectifs métaphysiques *hanc* et *illam* déterminent les adjectifs *nigram* et *albam*, employés substantivement, avec le concours des propositions *quae est mea, quam inveni*, chacune d'elles équivalente à un adjectif; et, dans le second de ces exemples, les adjectifs métaphysiques *haec* et *illa* déterminent les mêmes mots avec le concours du signe ·X· : mais, dans le troisième exemple, ce sont les adjectifs métaphysiques sous-entendus *istam* et *illam* qui déterminent ces mêmes mots avec le concours du même signe ·X·.

8.

EXEMPLES.	ANALYSE.
1. *Temporis exiguum.* Peu de temps.	(*Unum* spatium)-exiguum *temporis*.
2. *Argenti tantum.* Tant d'argent.	(*Unum* pondus) - tantum *argenti*.

Voilà comment il faut procéder dans l'analyse des phrases où un adjectif semble être employé comme nom, et qualifié par un autre nom au génitif.

QUATRIÈME EXERCICE GRAMMATICAL.

1. *Sufenas * et Cato * absoluti *; Procilius * condemnatus *.*
2. *Septimius Severus parcus * admodùm fuit.*
3. *Mens * immota * manet.*
4. *Consuetudinis * magna * vis est.*
5. *Servos * fideles * liberalitas * facit.*
6. *Omnes noti * me * atque amici * deseruerunt *.*
7. *Animi * conscientiam * non curat improbus *.*
8. *Dentibus * horrendum * instrepit.*
9. *Redeo indè iratus *.*
10. *Reperio * quatuor causas * cur senectus * misera * videatur.*
11. *Bonam * atque justam * rem * oppidò imperas *.*
12. *Ira * atque superbia *, mala invicta *.*
13. *Nox * et praeda * hostes * remorata * sunt.*
14. *Haerent infixi * pectore * vultus *, verbaque.*
15. *Oderunt peccare boni * virtutis * amore *.*
16. *Bonum * aequumque * orat *.*
17. *Labor * et voluptas * dissimillima *.*
18. *Humanum * est errare *.*
19. *Nunc est bibendum *.*
20. *Triste * lupus * stabulis *.*
21. *Paupertas * mihi * onus visum est, et miserum * et grave *.*
22. *Turpe * senex * miles *, turpe * senilis * amor.*
23. *Aurea * purpuream * subnectit fibula * vestem *.*
24. *Uxor * et mancipium * salvae *.*

25. *Fuit pulcher, ac decens* *.
26. *Ego * et ille * defessi * sumus.*
27. *Privata * modò et domestica * nos * delectant* *.
28. *Scaurum * Triarius reum * fecit* *.
29. *Spero, falsa *, sed certè horribilia* *.
30. *Dionysius *, vir * optimus *, ut mihi * quoque est perspectus *, et doctissimus *, tuique amantissimus *, Romam venit.*

CHAPITRE V.

Des Comparatifs et des Superlatifs.

I.

COMPARAISONS D'ÉGALITÉ.

I.

EXEMPLE.	ANALYSE.
De me tantum, quantum me amas, cogita. Pense à moi autant que tu m'aimes.	(Tu) cogita de me (*in modum*) tantum, (tu) amas me (*in modum*) quantum (*).

On voit par l'analyse, 1°. que pour exprimer une idée de quantité égale à une autre, dans deux termes comparés, on se sert des mots *tantum* et *quantum*, dont le premier est l'antécédent, et le second le

(*) Les formes classiques *in modum amici*, *servilem in modum*, *in modum pecorum*, etc., justifient notre analyse.

corrélatif; 2°. que ces mots sont de véritables adjectifs.

2.

EXEMPLES.	ANALYSE.
1. *Tam magis illa fremens, quam magis. . . . crudescunt pugnae.* Frémissant d'autant plus, que le combat s'exaspère davantage.	Illa fremens (*in modum*) *tantum* magis, pugnae crudescunt (*in modum*) *quantum* magis.
2. *Tam ob rem parvulam.* Pour si peu de chose.	Ob rem parvulam (*in modum*) *tantum*, (illa res est parvula *in modum quantum*).

L'analyse nous apprend, 1°. que les formes *tam*, *quam*, dont l'une est l'antécédente et l'autre la corrélative, sont une contraction des premières formes *tantum*, *quantum*; 2°. qu'elles sont un élément des expressions *in modum tantum*, *in modum quantum*; 3°. que ces expressions, qui sont de véritables expressions adverbiales, sont modifiées par l'adverbe *magis*.

3.

EXEMPLES.	ANALYSE.
1. *Atticum sic amo ut alterum fratrem.* J'aime Atticus comme un second frère.	(Ego) amo Atticum *in eo modo*, (ego amarem) alterum fratrem *in quo modo*.
2. *Non sic excubiae, quam tutatur amor.* Les gardes ne défendent pas	Excubiae non (tutantur hominem) *in eo modo*, amor tutatur (hominem *in quo*

si bien que l'amour.	*modo*, et excubiae non tutantur hominem *in modum tantum*, amor tutatur hominem *in modum*) *quantum*.

On voit par l'analyse, 1°. que la particule *sic*, dérivée, selon Martyn et Voss, de l'adjectif *is*, est équivalente à une des expressions *in eo modo*, *in hoc modo*, *in illo modo*; 2°. que son corrélatif *ut* remplace l'adjectif corrélatif *qui*, *quae*, *quod*; 3°. que lorsque l'antécédent *sic*, signe d'une modification relative à la manière, paraît avoir pour corrélatif la forme *quàm*, expression de quantité, c'est que l'ellipse sous-entend deux propositions, dont l'une est la corrélative, et l'autre l'antécédente de celles qui sont exprimées; ce qui donne à la phrase une double force, exprimant à la fois une idée de manière et une idée de quantité.

II.

COMPARAISONS DE SUPÉRIORITÉ ET D'INFÉRIORITÉ.

I.

	POSITIF.	COMPARATIF.	SUPERLATIF.
N.	*Sanctus*, saint		
G.	*Sancti*	*Sancti or*	*Sancti ssimus*.
N.	*Prudens*, prudent		
G.	*Prudentis*.		
D.	*Prudenti*.	*Prudenti or*. . .	*Prudenti ssimus*.

On voit par ces transformations que le comparatif et le superlatif se formaient en latin du cas terminé en *i* de l'adjectif positif.

La terminaison *or* du comparatif, qui appartient également au masculin et au féminin, se transformait en *us* pour le neutre, et celle du superlatif, *ssimus*, se changeait en *ssima* pour le féminin, et en *ssimum* pour le neutre.

Il y a des adjectifs qui, dans la formation de leurs formes comparatives et superlatives, subissaient d'autres changemens que ceux qu'on vient d'indiquer; il y en a d'autres qui ne pouvaient exprimer cette idée de comparaison ou de prééminence qu'à l'aide des adverbes *magis* ou *plus*, plus; *minus*, moins; *maximè*, extrêmement, etc. Il suffit que notre élève en soit averti.

2.

EXEMPLES.

1. *Prae nobis beatus.*	Heureux en comparaison de nous.
2. *Senior prae ceteris.*	Plus vieux que les autres.

Le premier de ces exemples n'est rapporté que pour faire connaître le juste sens du mot *prae*, qui est *avant* ou *devant*, *de front*, et par extension *en comparaison*; et pour faire observer à l'étudiant que le mot qui est le complément de cette même particule est à l'ablatif.

Le second exemple est destiné à avertir les étudians, que le mot *prae* précède immédiatement le second terme de la comparaison. Il semble donc que les Latins, en disant, par exemple, *Petrus est doctior prae Paulo*, après avoir mis les deux termes comparés l'un devant l'autre, et après avoir aperçu le rapport qu'ils ont entre eux, exprimaient ainsi le jugement relatif: *Pierre, mis devant Paul, est plus savant que lui.*

3.

EXEMPLES.	ANALYSE.
1. *Tu es doctior Petro.* Tu es plus savant que Pierre.	Tu es doctior (prae) Petro.
2. *Tu es doctior quam Petrus.* Tu es plus savant que Pierre.	Tu es doctior (prae *hac* sententiâ) *quam-(dico)*, Petrus (est doctus).
3. *Tu es felicior quam prudentior.* Tu es plus heureux que prudent.	Tu es felicior (prae *hac* sententiâ) *quam-(dico*, tu es prudens; tu non es) prudentior (prae . . . . ., tu es felix).
4. *Ille est magis pius, quam tu.* Il est plus pieux que toi.	Ille est pius magis (prae *hac* sententiâ) *quam-(dico)*, tu (es pius).
5. *Ille est majori virtute praeditus, quam frater.* Il est doué de plus de valeur que son frère.	Ille est praeditus (cum) virtute majori (prae *hac* sententiâ) *quam-(dico)*, frater (ejus est praeditus cum virtute magnâ).
6. *Doctior est, quam putas.* Il est plus savant que tu ne penses.	(Ille) est doctior (prae *hac* sententiâ) *quam-(dico*, tu) putas (illum esse doctum).

7. *Fortior manuum.*
La plus forte des deux mains.

(Manus) fortior (in comparatione fortitudinis) manuum (ambarum).

8. *Neminem vidi callidiorem quam Petrum.*
Je ne vis jamais un homme plus rusé que Pierre.

(Ego) vidi neminem callidiorem (prae *hac* sententiâ) *quam-*(*dico*, ego vidi) Petrum (esse callidum).

9. *Plus divitiarum habet alius alio.*
L'un a plus de richesses que l'autre.

Alius habet (quantitatem) divitiarum (magnam) plus (prae) alio.

10. *Non habebat minùs viginti socios.*
Il n'avait pas moins de vingt compagnons.

(Ille) habebat (numerum sociorum magnum) non minus (prae numero continenti) viginti socios.

11. *Plus annum obtinere provinciam.*
Obtenir la province pour plus d'un an.

Obtinere provinciam (per tempus longum) plus (prae tempore continenti unum) annum.

12. *Opinione tuâ stultior est.*
Il est plus fou que tu ne penses.

(Ille) est stultior (prae *hac* sententiâ *quam-dico*, ille est stultus in) opinione tuâ.

13. *Major quam pro numero jactura fuit.*
La perte fut plus grande qu'elle ne devait être par rapport à leur nombre.

Jactura fuit major (prae *hac* sententiâ) *quam-*(*dico*, jactura debuerat esse magna) pro numero.

14. *Tanto major vis, quanto recentior.*
Une force est d'autant plus grande, qu'elle est plus récente.

Vis (est) major (in pondere) tanto, (vis est) recentior (in tempore) quanto.

15. *Paulo majora canamus.* Chantons des choses un peu plus élevées.	(Nos) canamus (facta) majora (in pondere) paulo (prae negotiis quae nos cecinimus).

Ces exemples et leur analyse donnent lieu aux observations suivantes :

Ex. 1er. Cet exemple nous apprend que la particule *prae*, qui précède immédiatement le second terme de la comparaison, peut être sous-entendue.

Ex. 2, 3, 4, 5, 6, 8. L'analye de ces exemples, en nous montrant que lorsque le second terme de la comparaison est un élément d'une proposition elliptique, ce terme est indiqué par l'adjectif relatif *quam*, nous fait connaître en même temps les mots que l'ellipse supprime toujours.

Il est bon de faire observer, ex. 3, que lorsque les deux termes mis de front sont deux adjectifs, et que les qualités qu'ils expriment sont inhérentes dans le même individu, les Latins donnaient à l'un aussi bien qu'à l'autre terme de la comparaison la desinence propre du comparatif, à moins que l'un de ces adjectifs ou tous les deux ne manquassent de cette même forme. Une telle forme d'expression, *tu es plus heureux que plus prudent*, est bien différente de celle que nous employons dans nos langues, par la raison que l'analyse nous en a fait connaître.

Ex. 7. Cette analyse nous apprend comment il faut remplir le vide de l'ellipse, lorsque les deux termes comparés sont deux êtres symétriques, et la cause du génitif pluriel nous est aussi révélée par cette même analyse.

Ex. 9 *et* 10. On voit par l'analyse que les mots *plus* et *minus* sont ici de véritables adverbes, et que par conséquent ils modifient un adjectif que l'ellipse sous-entend toujours, ainsi que le nom qualifié par ce même adjectif, et déterminé par le génitif, toujours exprimé.

Ex. 11. L'analyse nous apprend, 1°. que l'accusatif *annum* est le complément de la préposition *per*, sous-entendue ; 2°. que l'adverbe *plus* modifie un adjectif sous-entendu ; 3°. que cet adjectif qualifie le nom *annum*, et que, par conséquent, il fait partie du complément de la préposition *per*.

Ex. 12 *et* 13. On apprend ici comment il faut procéder dans l'analyse de ces formes et des formes semblables, pour retrouver le second terme de la comparaison, le plus souvent sous-entendu. Un élève pourrait être aisément trompé par l'apparence, en prenant les expressions *opinione tuâ* et *pro numero* pour ce terme, tandis qu'elles ne sont que des expressions modificatives.

Ex. 14 *et* 15. On voit par l'analyse, que les mots *tanto*, *quanto*, *paulo*, sont de véritables adjectifs au cas ablatif; que, par conséquent, ils qualifient un nom sous-entendu également à l'ablatif; qu'enfin il y a aussi sous-entendue la préposition *in*, dont ces deux élémens sont le complément.

III.

SUPERLATIFS.

	EXEMPLES.	ANALYSE.
1.	*Altissima arborum.* Le plus haut des arbres.	(Arbor) altissima (in *omni* specie) *arborum.*
	Altissima ex arboribus. Le plus haut des arbres.	(Arbor) altissima (selecta) ex arboribus.
	Altissima inter arbores. Le plus haut des arbres.	(Arbor) altissima (posita) inter (*omnes*) arbores (*alias*).
2.	*Leo est animalium fortissimum.* Le lion est le plus fort des animaux.	Leo est (*unum* animal) *fortissimum* - (inter-OMNES -*species*)-ANIMALIUM.
	Leo est animalium fortissimus. Le lion est le plus fort des animaux.	Leo est (*unus* quadrupes) *fortissimus* - (*inter*-OMNES - *species*) - ANIMALIUM.
3.	*Maximè omnium conspicuus.* Le plus remarquable de tous.	Conspicuus maximè (in *hac* societate *virorum*)-*omnium.*
4.	*Multo optimum est.* C'est de beaucoup le meilleur.	Est (negotium) optimum (in pondere) multo.

L'analyse nous démontre que la construction de toutes ces différentes formes, irrégulières en apparence, est fondée sur des principes de logique et de grammaire communs à toutes les langues.

CINQUIÈME EXERCICE GRAMMATICAL.

1. *Domos * ditissimè * exornare *.*
2. *Quid est nequius * aut turpius * effeminato * viro * ?*
3. *Magis * solito *.*
4. *Ab utrâque parte sexcentis plus * equitibus * cecidit *.*
5. *Fraxinus * in silvis * pulcherrima *, pinus * in hortis *.*
6. *Spatium fit longius * aequo *.*
7. *Inter omnes potentissimus * odor *.*
8. *Violentior * aequo * visa * Dea * est.*
9. *Quis me * est fortunatior * ?*
10. *Nihil est annis * velocius *.*
11. *Altissimum *, planèque poeticum * ingenium.*
12. *Nullus est te * miserior *.*
13. *Quid magis * his rebus * poterat * mirabile * dici ?*
14. *Magis * quam * id repeto, tam * magis * uror *.*
15. *Plus * triginta annis * natus sum.*
16. *Quam * tu filium * tuum, tam * pater me * meus desiderat *.*
17. *Plus * legibus * arma * valent.*
18. *Nihil est tam * valdè vulgare *, quam nihil sapere *.*
19. *Magis * invidi * sunt quam amici *.*
20. *Ego * sum miserior * quam * tu, quae es miserrima **.*
21. *Tales inter viros * amicitia * tantas * opportunitates habet, quantas * vix queo * dicere *.*
22. *Quam * magis * te in altum * capessis, tam * magis * aestus te in portum refert *.*
23. *Quam * quisque pessumè fecit, tam * maximè tutus * est.*
24. *Quid ais, homo levior * quam * plumâ * pessime et nequissime, flagitium hominis ?*
25. *Scribit * ad me quam * honorificè.*
26. *Quantum * et quam * veram * laudem * capiet * Parmeno * !*

27. *Fui fortasse longior **.
28. *AEneae * sese fortissimus * heros addiderat * socium **.
29. *Tu major, tibi me * est aequum parere **.
30. *Persuade * tibi * te * mihi * esse carissimum ***.

CHAPITRE VI.

Des Adjectifs métaphysiques.

Avant de parler de la valeur et de l'emploi de ces mots, il est bon de faire connaître quelques particularités relatives à leur mécanisme.

I.

Adjectifs numéraux.

Les trois premiers de ces adjectifs sont déclinables; ils varient de la manière suivante.

1.

Les terminaisons *unus*, pour le masculin, *una*, pour le féminin, *unum*, pour le neutre, sont celles du nominatif. Les désinences *unius* et *uni*, pour les trois genres, sont celles du génitif et du datif; les terminaisons *unum*, pour le masculin et le neutre, et *unam*, pour le féminin, appartiennent à l'accusatif; et les terminaisons *uno*, pour le masculin et le neutre, *unâ*, pour le féminin, sont celles de l'ablatif.

Il est important de savoir que cet adjectif *unus*, dans sa triple forme relative aux trois genres, est employé comme adjectif spécifique, dans le sens de *quidam, quaedam*, etc., quelque ou certain; et comme adjectif numérique, pour désigner le nombre dont il est le signe. Il est adjectif spécifique dans la phrase : *Quis est is homo? unus ne amator?* et il est adjectif numérique dans cet autre exemple : *Verbum unum cave de nuptiis.*

2.

Les désinences *duo*, deux, pour le masculin et le neutre, et *duae*, pour le féminin, sont celles du nominatif; les terminaisons *duorum*, pour le masculin et le neutre, *duarum*, pour le féminin, sont celles du génitif; les désinences *duobus*, pour le masculin et le neutre, *duabus*, pour le féminin, appartiennent au datif; *duos*, pour le masculin, *duas*, pour le féminin, *duo*, pour le neutre, sont celles de l'accusatif. Les désinences du vocatif sont les mêmes que celles du nominatif; et celles de l'ablatif sont les mêmes que celles du datif.

3.

Les terminaisons *tres*, trois, pour le masculin et le féminin; *tria*, pour le neutre, sont celles du nominatif, de l'accusatif et du vocatif; la terminaison *trium*, pour les trois genres, est celle du génitif; et la désinence *tribus*, pour les trois genres, est celle du datif et de l'ablatif.

L'adjectif *ambo*, tous deux, subit les mêmes variations que l'adjectif *duo*.

Il est bon d'avertir les étudians qu'on trouve les formes *duo* et *ambo* employées pour *duos* ou *duas* et *ambos*. On a aussi employé *duo*, quoique rarement, pour *duorum*.

L'adjectif *centum*, cent, invariable, se décline dans les formes composées *ducenti*, *trecenti*, etc., et l'adjectif *mille*, mille, se transforme en *millia*, quand il s'agit de plus d'un mille.

II.

Adjectifs possessifs.

MASCULIN.	FÉMININ.	NEUTRE.
Meus,	*mea*,	*meum*.
Tuus,	*tua*,	*tuum*.
Suus,	*sua*,	*suum*.
Noster,	*nostra*,	*nostrum*.
Vester,	*vestra*,	*vestrum*.

Il suffit de faire observer que les formes du masculin et celles du neutre se déclinent comme les noms de la seconde déclinaison, et celles du féminin comme ceux de la première. La forme *mî* est celle du vocatif singulier de *meus*.

III.

Des Adjectifs démonstratifs.

1.

Is, m., il; *ea*, fém., elle; *id*, n., ce.

	SINGULIER.	PLURIEL.
N.	*Is*, *ea*, *id.*	*Ii* ou *ei*, *eae*, *ea.*
G.	*Ejus.*	*Eorum*, *earum*, *eorum.*
D.	*Ei.*	*Iis* ou *eis.*
Acc.	*Eum*, *eam*, *id.*	*Eos*, *eas*, *ea.*
Abl.	*Eo*, *eâ*, *eo.*	*Iis* ou *eis.*

L'adjectif *idem* [is dem]; *eadem* [ea dem]; *idem* [id dem]; même, le même, la même, subit, dans le premier des deux élémens dont il se compose, les mêmes variations que la forme simple *is*, *ea*, *id.*

2.

Hic, m.; *haec*, fém.; *hoc*, n.; ce, celui-ci, celle-ci, ceci, cela.

	SINGULIER.	PLURIEL.
N.	*Hic*, *haec*, *hoc.*	*Hi*, *hae*, *haec.*
G.	*Hujus*	*Horum*, *harum*, *horum.*
D.	*Huic*.	*His*. . . . .
Acc.	*Hunc*, *hanc*, *hoc.*	*Hos*, *has*, *haec.*
Abl.	*Hoc*, *hâc*, *hoc.*	*His*. . . . .

3.

Iste, m.; *ista*, fém.; *istud*, n.; ce, celui-ci, celle-ci, ceci, cela.

	SINGULIER.	PLURIEL.
N.	*Iste, ista, istud.*	*Isti, istae, ista.*
G.	*Istius . . . .*	*Istorum, arum, orum.*
D.	*Isti. . . . .*	*Istis. . . . .*
Acc.	*Istum, istam, istud.*	*Istos, istas, ista.*
Abl.	*Isto, istâ, isto.*	*Istis. . . . .*

4.

Ille, m.; *illa*, fém.; *illud*, n.; ce, celui-là, celle-là, cela.

	SINGULIER.	PLURIEL.
N.	*Ille, illa, illud.*	*Illi, illae, illa.*
G.	*Illius. . . . . . .*	*Illorum, illarum, illorum.*
D.	*Illi. . . . .*	*Illis. . . . .*
Acc.	*Illum, illam, illud.*	*Illos, illas, illa.*
Abl.	*Illo, illâ, illo.*	*Illis. . . . .*

L'adjectif *hic* désigne un être près de celui qui parle; *iste*, le montre près de la personne à qui on parle; *ille*, le fait voir éloigné de l'une et de l'autre personne; la désinence *ce* ajoutée aux formes *hic*, *haec*, *hoc*, rend l'expression plus énergique.

IV.

Des Adjectifs relatifs.

I.

Qui, m.; *quae*, fém.; *quod*, n.; qui, lequel, laquelle.

	SINGULIER.	PLURIEL.
N.	*Qui, quae, quod.*	*Qui, quae, quae.*
G.	*Cujus.*	*Quorum, quarum, quorum.*
D.	*Cui.*	*Quibus* ou *queis.*
Acc.	*Quem, quam, quod.*	*Quos, quas, quae.*
Abl.	*Quo, quâ, quo* (*).	*Quibus* ou *queis.*

Dans les formes composées, dont le premier élément est l'adjectif *qui*, *quae*, *quod*, il n'y a que celui-ci qui varie selon le cas, le genre et le nombre du nom qu'il détermine. Tels sont *quicunque* [*qui* et *unque* pour *unquam*; la lettre *c* y est intercalée pour éviter l'hiatus], *quaecunque* [quae unque], *quodcunque* [quod cunque], *quidam* [qui dam] (**) *quaedam* [quae dam], *quoddam* [quod dam], un certain, une certaine; *quilibet* [qui libet], *quaelibet* [quae libet], *quodlibet* [quod libet]; qui que ce

(*) On trouve *qui* pour *quo* au cas ablatif.

(**) Cette désinence *dam*, dérivée, selon Martyn, du grec, signifie *certes*.

soit; *quivis* [qui vis], *quaevis* [quae vis], *quodvis* [quod vis]; quiconque, qui que ce soit.

2.

Quis, m.; *quae*, f.; *quid*, n.; qui, quel, quelle, que, quoi; employé dans les interrogations.

	SINGULIER.	PLURIEL.
N.	*Quis, quae, quid.*	*Qui, quae, quae.*
G.	*Cujus.*	*Quorum, quarum, quorum.*
D.	*Cui.*	*Quibus.*
Acc.	*Quem, quam, quid.*	*Quos, quas, quae.*
Abl.	*Quo, quâ, quo.*	*Quibus.*

Dans les formes composées *quisnam*, *quaenam*, *quodnam* ou *quidnam*, quel, quelle, quelle chose; *quispiam*, *quaepiam*, *quodpiam* ou *quidpiam*, quelqu'un, quelqu'une, quelque chose; *quisque*, *quaeque*, *quodque* ou *quidque*, chacun, chacune, chaque chose, il n'y a que le premier élément *quis*, *quae*, *quod* ou *quid*, qui soit déclinable.

Dans les formes composées *quisquis* et *quidquid*, tout ce qui, tout ce que, les deux élémens sont déclinables; mais la forme *quisquis* n'a que le datif singulier et l'ablatif singulier *cuicui* et *quoquo*, et l'accusatif du pluriel *quosquos*.

Dans la forme *unusquisque* [unus quis que], un chacun, la désinence *que* est seule invariable.

V.

Autres Adjectifs métaphysiques dont il est utile d'avoir connaissance.

1.

Ipse, m.; *ipsa*, f.; *ipsum*, n.; lui-même, elle-même, même.

	SINGULIER.	PLURIEL.
N.	*Ipse*, *ipsa*, *ipsum*.	*Ipsi*, *ipsae*, *ipsa*.
G.	*Ipsius*.	*Ipsorum*, *arum*, *orum*.
D.	*Ipsi*.	*Ipsis*.
Acc.	*Ipsum*, *ipsam*, *ipsum*.	*Ipsos*, *ipsas*, *ipsa*.
Abl.	*Ipso*, *ipsâ*, *ipso*.	*Ipsis*.

2.

Aliquis, m.; *aliqua*, f.; *aliquod* et *aliquid*, n., quelque; g. *alicujus*; d. *alicui*, etc.

Alius, m.; *alia*, f.; *aliud*, n., autre; g. *alius*; d. *alii*, etc.

Alter, m.; *altera*, f.; *alterum*, n., un autre; g. *alterius*; d. *alteri*, etc.

Alteruter, m.; *alterutra*, f.; *alterutrum*, n., l'un ou l'autre; g. *alterutrius*; d. *alterutri*, etc.

Neuter, m.; *neutra*, f.; *neutrum*, n., ni l'un ni l'autre; g. *neutrius*; d. *neutri*, etc.

Nullus, m.; *nulla*, f.; *nullum*, n., nul; g. *nullius*; d. *nulli*, etc.

Ullus, m.; *ulla*, f.; *ullum*, n., quelqu'un; g. *ullius*; d. *ulli*, etc.

Solus, m.; *sola*, f.; *solum*, n., seul; g. *solius*; d. *soli*, etc.

Totus, m.; *tota*, f.; *totum*, n., tout; g. *totius*; d. *toti*, etc.

Uter, m.; *utra*, f.; *utrum*, n., lequel des deux; g. *utrius*; d. *utri*, etc.

Uterlibet [uter libet], m.; *utralibet* [utra libet], f.; *utrumlibet* [utrum libet], n., lequel ou laquelle des deux plaît ou plaira; g. *utriuslibet*; d. *utrilibet*, etc.

Uterque, m.; *utraque*, f.; *utrumque*, n., l'un et l'autre; g. *utriusque*; d. *utrique*, etc.

Utervis, m.; *utravis*, f.; *utrumvis*, n., lequel ou laquelle des deux vous voulez ou vous voudrez; g. *utriusvis*; d. *utrivis*, etc.

Observations analytiques sur la valeur et l'emploi des Adjectifs métaphysiques.

I.

EXEMPLES.	ANALYSE.
1. *Nullum bellum civile fuit in quo....* Il n'y eut pas de guerre civile où....	*Nullum* bellum *civile*....
2. *Duobus his oculis meis vidi.* Je l'ai vu de mes propres yeux.	...*his* duobus-oculis *meis*.
3. *Omnes omnium ordinum homines.* Tous les hommes de toutes les classes.	*Omnes* homines *ordinum-omnium*.

4. *Marcellum tuum consulem factum, teque eâ laetitiâ affectum esse quam maximè optasti, mirum in modum gaudeo.*	.... *eâ* laetitiâ *quam-maximè-optasti.*
Je me réjouis de toute mon âme que ton cher Marcellus ait été nommé consul, et que tu aies éprouvé la satisfaction que tu avais tant désirée.	

L'analyse de ces exemples nous révèle la propriété des adjectifs métaphysiques appelés *prépositifs ;* propriété qui consiste à déterminer le nom (ex. 1 et 2), ou une expression équivalente à un nom (ex. 2), avec le concours, soit d'un adjectif (ex. 1 et 2), soit d'une expression équivalente à un adjectif (ex. 3), soit enfin d'une proposition déterminative (ex. 4).

2.

EXEMPLES.	ANALYSE.
1. *Totâ mente contremisco.*	.. (in *hac*) mente-totâ (*meâ*).
Je tremble de toute mon âme.	
2. *Hominem neminem pluris facio.*	...... *neminem* hominem (*inter-homines*).
Je n'estime aucun homme plus que lui.	
3. *Hoc vinum nimis asperum est.*	*Hoc* vinum (*quod-bibimus*)....
Ce vin est trop âpre.	

On apprend par cette analyse que souvent l'adjectif (ex. 1), ou l'expression équivalente à un adjectif (ex. 2), ou enfin la proposition déterminative (ex. 3), à l'aide de laquelle le prépositif détermine le nom, est sous-entendue par l'ellipse.

3.

EXEMPLES.	ANALYSE.
1. *Aliquem de tribus nobis.* Quelqu'un de nous trois.	*Aliquem* (virum) *de-tribus-nobis.*
2. *Quorum alter exercitum perdidit, alter vendidit.* Dont l'un ruina l'armée, et l'autre la vendit.	*Alter*(vir)*quorum*-(*virorum*)...
3. *Elephanto belluarum nulla prudentior.* Nulle bête plus prudente que l'éléphant.	*Nulla* (bellua) *belluarum* . . .
4. *Solus omnium.* Seul de tous.	*Solus* (vir *virorum*)-*omnium.*
5. *Ex duobus uter dignior?* Lequel des deux est le plus digne?	*Uter* (vir) *ex-duobus*-(*viris*)...

Ces exemples nous apprennent que souvent le nom déterminé est sous-entendu; et l'analyse nous montre qu'il faut suppléer à cette ellipse par la restitution de ce même nom.

4.

EXEMPLES.	ANALYSE.
1. *Est locus in carcere....* Il y a un lieu dans la prison...	(*Unus*) locus (*ex-locis*) est...

2. *Felix qui potuit rerum cognoscere causas!* Heureux celui qui a pu connaître les causes des choses!	(*Ille* vir) *qui-potuit-cognoscere-causas-rerum....*

On apprend par cette analyse que l'ellipse peut sous-entendre le prépositif, et même le prépositif et le nom qu'il détermine; ce que l'analyse doit toujours restituer dans le discours.

5.

EXEMPLE.	ANALYSE.
Legi eas litteras quas ad Caesarem misisti. J'ai lu la lettre que tu as écrite à César.	..... (tu) misisti ad Caesarem *quas* (litteras *lectas-à-me*).

Je rapporte cet exemple pour avertir les étudians que la seconde partie de la détermination indiquée par l'adjectif conjonctif, doit toujours être tirée de la proposition antécédente. Qu'on n'oublie pas cet avertissement, qui est de la plus haute importance.

6.

EXEMPLES.	ANALYSE.
1. *Numidae possedere ea loca, quae, proxumè Carthaginem, Numidia appellatur.* Les Numides possédèrent ces lieux qui, situés près de Carthage, s'appellent la Numidie.	Numidae possedere *ea* loca ·X· *Quae* (loca *sita*)-*proxumè-Carthaginem* (componunt *eam* regionem ·X·) (*quae* regio ·X·) appellatur Numidia.

2. *Exstat ejus peroratio, qui epilogus dicitur.*

Il en existe la péroraison qui s'appelle épilogue.

. . . . *Qui* (locus *exstans*) dicitur epilogus.

3. *Domicilia conjuncta, quas urbes dicimus.*

Les habitations réunies que nous appelons villes.

Domicilia conjuncta (componentia *illas* civitates » *nos*) -*dicimus-urbes*- QUAS(*civitates* COMPOSITAS-A-DOMICILIIS CONJUNCTIS).

4. *Genus poculi ejus, quae est quarta pars cyathi.*

Une sorte de coupe qui est le quart d'une jatte.

Genus poculi ejus (continentis *illam* capacitatem) *quae -est-quarta-pars-cyathi.*

5. *Si tempus est ullum jure necandi hominis, quae multa sunt.*

S'il y a quelque circonstance qui autorise à mettre un homme à mort, (et une telle circonstance n'est pas rare).

. . . . . (*haec* tempora *ego dico*) QUAE (*tempora* JURE -NECANDI - HOMINIS) sunt multa.

6. *Caesar alteram alam mittit, qui. . . .*

César envoie l'autre corps de cavalerie, qui. . . .

. . . *alteram* alam (*equitum*) *qui* (equites *missi-à-Caesare*). . . .

7. *Populo ut placerent quas fecisset fabulas.*

Afin que les fables qu'il avait faites, plussent au peuple.

Ut (*illae* fabulae) placerent populo (*ille*)-*fecisset*-QUAS-*fabulas* - (PLACENTES-POPULO).

8. *Urbem quam statuo vestra est.*

La ville que je construis est à vous.

. . . . (ego) statuo *quam* urbem X

9. *Cùm viverent homines ex iis*

. . . . ex *iis* rebus (*haec*)

rebus, quae inviolata ultro ferret terra. Les hommes vivant de ces produits que la terre encore vierge produisait spontanément.	terra *inviolata* ferret ultro *quae* (negotia ·X·)
10. *Si id te mordet, sumptum filii quem faciunt.* Si tu vois avec peine les dépenses que font tes enfans.	. . *id* (negotium ·X·) mordet te (*quod* negotium ·X·) (est *ille* sumptus ·X·) filii faciunt *quem* sumptum (*mordentem-te.*)
11. *Sunt quibus in satyrâ videor nimis acer.* Il y a de ceux qui me trouvent trop mordant dans mes satires.	(*Aliqui* homines *inter-homines*) sunt, (ego) videor (*unus* vir) *acer - nimis* - QUIBUS-(*hominibus* - EXISTENTIBUS.)
12. . . . . *En dextra fidesque, quem secum patrios aiunt portare penates.* Voilà la promesse et la foi de celui qui passe pour avoir emporté les dieux de sa patrie.	. . . . (*illius* viri ·X·) (homines) aiunt *quem* (virum *praemonstratum*) portare . . .
13. *Animal providum et sagax, quem vocamus hominem.* L'animal prévoyant et avisé que nous appelons homme.	. . . . et sagax (quod est *ille* filius *naturae* » nos) vocamus hominem *quem* (filium *naturae*).
14. *Ad eum locum, quae appellatur Pharsalia, applicuit.* Il aborda à ce lieu qui s'appelle Pharsale.	. . . ad *eum* locum (·X·) (*qui* locus ·X·) (est *ea* regio ·X·) *quae* (regio ·X·) appellatur Pharsalia.

15. *Globus quem in templo hoc medium vides, quae terra dicitur.* Ce globe que tu vois au milieu du temple, qui s'appelle terre.	(*Hic*) globus (·X·) (est *ea* pars-mundi ·X·) *quae* (pars-mundi ·X·) dicitur terra, (tu) vides *quem* (globum) *medium-in*·HOC-*templo* (·X·)

J'ai rapporté ces exemples, parce qu'ils sont du nombre de ceux qui ont donné lieu à des erreurs presque sans nombre. Leur analyse nous fait voir qu'ils sont tous construits d'après un principe unique, fondé sur la raison et sur la grammaire de toutes les langues.

71.

EXEMPLES.	ANALYSE.
1. *Non est ullus qui publica commoda privatis rationibus praeferat.* Il n'y a pas un homme qui préfère le bien public à ses intérêts particuliers.	*Ullus* (homo *inter-homines*) non est. . . . .
2. *Unum da mihi.* Donne-m'en un.	Da mihi *unum* (librum *ex-his-libris*).
3. *Utrumlibet elige.* Choisis l'un ou l'autre à ton gré.	(Tu) elige *utrum* (librum *ex*-HIS-*libris*-DUOBUS » *qui* liber *electus-à-te*) libet (tibi).
4. *Ambos amo.* Je les aime tous deux.	(Ego) amo (*eos* viros) *ambos*.
5. *Unum dedit mihi, tres tibi.* Il m'en donna un, et trois à toi.	. . . . *unum* (librum *ex-iis-libris*, et dedit) tibi *tres* (libros *ex-iis-libris*).

6. *Haec vobis dixi per jocum.* Je vous ai dit ces choses pour rire.	. . . . . *haec* (negotia *dicta -abs-me*).
7. *Puto esse meum.* Je crois qu'il est de mon devoir.	. . . (*unum* officium) *meum*.
8. *Pene sum factus ille.* Je suis presque devenu un autre lui-même.	. . . . *ille* (vir *de-quo-loquimur*).
9. *Istud faciam.* Je ferai ce que tu dis.	. . . . . *istud* (opus *de-quo -loqueris*).
10. *Aliud est maledicere, aliud accusare.* Médire est une chose, et accuser en est une autre.	(*Hoc* actum) *maledicere* » est (*unum* actum) *aliud*. . . (est *unum* actum) *aliud*.
11. *Qui fueris et qui nunc sis memineris.* Souviens-toi qui tu as été et qui tu es.	(Tu) memineris (*illum* virum » tu) fueris *qui* (vir *ex-viris*), et (tu memineris *illum* virum « tu) sis nunc *qui* (vir *ex-viris*).

Comme tout adjectif physique suppose toujours un nom qu'il qualifie, ainsi tout adjectif métaphysique suppose non-seulement un nom, mais aussi un adjectif ou bien une expression équivalente à un adjectif, à l'aide de laquelle il détermine ce même nom. L'analyse des exemples ci-dessus, en nous montrant jusqu'à l'évidence la vérité de ce principe commun à toutes les langues, nous apprend en même temps la manière de remplir cette ellipse, très-fréquente dans le latin, comme dans tout autre idiome.

SIXIÈME EXERCICE GRAMMATICAL.

1. *Si diligenter, quid * Mithridates * potuerit, et qui * vir fuerit, considerabis *.*
2. *Ob eam * rem * tibi * haec * scribo *.*
3. *Eadem * haec * multi * alii * in Andro * tum audivere *.*
4. *Habitare * in domo * alterius * aut suâ *.*
5. *Risu inepto * res * ineptior * nulla * est.*
6. *Quid * quoque * loco verborum * maximè quadret.*
7. *Nos * neque de Caesaris * adventu *, neque de litteris * quas * Philotimus habere * dicitur *, quidquam * adhuc certi * habemus *.*
8. *Quod * opus erit, ut res * tempusque postulat *, provideas * atque administres *.*
9. *Quid * faciam * ?*
10. *Rem * suam * sapit *.*
11. *Quis * me * vult * ?*
12. *Multa * pars * meî * vitabit Libitinam *.*
13. *Omnia * fert * aetas *, animum * quoque.*
14. *Quos * tandem fructus hujusce * necessitudinis tulit * ?*
15. *Haec * dies aliam * vitam affert *, alios * mores postulat *.*
16. *Tua * profectio spem meam * debilitat *.*
17. *Aliud * alii * natura * iter ostendit *.*
18. *Qui * erit rumor populi *, si id * feceris * ?*
19. *Praemia nulla * peto *, nisi te *.*
20. *Aurea mala decem * misi, cras altera * mittam. **
21. *Ad haec * mala hoc * mihi * accedit * etiam.*
22. *Vos * enim video * esse miserrimas *, quas * ego beatissimas * semper esse volui *.*
23. *Hoc * mihi * erit vehementer gratum *.*
24. *Se * ad meos * pedes prostravit * lacrymans *.*

25. *Multum *, ad ea * quae * quaerimus *, explicatio tua * ista * profuerit *.*
26. *Ad eam * laudem adspirare * non possunt *.*
27. *Ad Caesarem * quam * misi epistolam, ejus * exemplum fugit * me tum tibi * mittere *.*
28. *Quid * ego * commendem * eum * quem * tu diligis * ?*
29. *Cursus annalis * in quatuor * tempora dividitur *.*
30. *Disjectam AEneae * toto * videt * aequore classem.*
31. *Ejus * Anchialum servum, negotiaque quae * habet in Asiâ * tibi commendo *.*
32. *Hic * latro in Spartâ fuit *.*
33. *Hoc * loco est, Syracusis * quidquid * est piscium.*
34. *Thebis, praeter me, nemo * sit alter * Amphitruo.*
35. *In domo * Caesaris unus * vix fuit.*
36. *In multâ * parte terrarum *.*
37. *Duo * filios suos.*
38. *Quis * est homo me * hominum miserior * ?*

CHAPITRE VII.

Des Prépositions.

I

EXEMPLES.	ANALYSE.
Adaequare, égaler;	Ad aequare : *aequare ad.*
Conjungere, conjoindre ;	Con jungere : *jungere cum.*
Deprimere, déprimer ;	De premere : *premere de.*

On voit, par la décomposition de ces mots, qu'une des propriétés des prépositions est, dans le latin comme dans les autres langues, de se joindre aux adjectifs pour exprimer une nuance que la forme simple ne pourrait pas faire sentir; nuance que les circonstances seules peuvent nous faire connaître, et qu'il est de la plus haute importance de discerner pour saisir la pensée tout entière. Il faut cependant avertir les étudians que très-souvent ces nuances sont presque imperceptibles, et qu'elles sont bien des fois négligées par les écrivains.

II.

	EXEMPLES.	ANALYSE.
I.	1. *Nec sese à gremio illius movebat.* Il ne s'écartait pas de son giron.	.... *movebat sese à gremio.*
	2. *Priusquam ab urbe moverent.* Avant de quitter la ville.	.... *moverent ab urbe.*
	3. *Move abs te moram.* Chasse tout délai.	*Move... abs te.*
	4. *Absque sole.* Sans soleil.	(*Remotus*) *absque* [abs que] *sole.*
	5. *De loco movetur.* Il quitte la place.	*Movetur de loco.*
	6. *Remotus è flammâ.* Eloigné de la flamme.	*Remotus è flammâ.*
	7. *Ne sese ex eo loco moverent.* Afin qu'ils ne s'éloignassent pas de ce lieu.	.... *moverent sese ex eo loco.*
	8. *Ut se loco movere non possent.* Afin qu'ils ne puissent s'éloigner de ce lieu.	... *movere se* (*de*) *loco.*

II.	*Ad occidentem verso.* Tourné à l'occident.	(*In loco*) *verso ad* occidentem.
III.	1. *Religio, quae est juncta cum cognitione naturae.* La religion qui est jointe à la connaissance de la nature.	. . . . *juncta cum* cognitione naturae.
	2. *Mortua quin etiam jungebat corpora vivis.* Il joignait même les corps morts avec les vivans.	. . . . *jungebat* . . . . (*cum*) vivis.
IV.	1. *In Asiâ totius Asiae steterunt vires.* Les forces de toute l'Asie restèrent en Asie.	. . . . . *steterunt in Asiâ.*
	2. *Stare loco nescit.* Il ne sait se tenir en place.	. . . . *stare* (*in*) *loco.*
V.	1. *Caseum per cribrum facito transeat.* Faites que le fromage passe par le crible.	*Transeat per cribrum* . . .
	2. *Alpes cum exercitu transit.* Il passe les Alpes avec l'armée.	. . . *Transit* (*per*) Alpes.
	3. *Per flagitium famam perdere.* Perdre sa réputation par une action punissable.	Perdere famam, (perditio famae *transiens*) *per flagitium.*
	4. *Per se dabat omnia tellus.* La terre produisait toute chose d'elle-même.	Tellus dabat omnia, (actio dandi omnia *transiens*) *per se.*

La langue latine a donc sept prépositions ; savoir :

1. *A* ou *Ab* ou *Abs* ou *Absque ;*
2. *De;*
3. *E* ou *Ex ;*
4. *Ad ;*
5. *Cum ;*
6. *In ;*
7. *Per.*

Les exemples ci-dessus nous démontrent, 1°. que la seule et unique attribution des prépositions est d'indiquer simplement le second terme du rapport qu'on désigne ; 2°. que l'idée relative à ce rapport est et doit être exprimée par un adjectif; 3°. (n°. I.) que les prépositions *à*, ou *ab*, ou *abs*, ou *absque* [abs que] ; *è*, *ex*, signes du rapport d'éloignement, ont à l'ablatif le mot ou l'expression qui est leur complément ; 4°. (ex. 8, n°. 1), que l'ellipse peut sous-entendre ces mêmes prépositions ; ce qui montre que ce signe n'est pas absolument nécessaire à l'expression de nos idées, et que ce n'est pas lui qui exprime tel ou tel rapport, mais bien l'adjectif relatif à ce même rapport ; 5°. que la préposition *ad* (n°. II) est destinée à indiquer le terme où va aboutir et où doit s'arrêter le mouvement dirigé vers lui, et que le complément de cette préposition est à l'accusatif ; 6°. (n°. III) que le rapport de compagnie, exprimé par l'adjectif *junctus*, est indiqué par la préposition *cum*, dont le complément est l'ablatif, et que cette préposition peut être sous-entendue par l'ellipse ; 7°. (n°. IV), que le lieu où tel ou tel être existe, idée exprimée par l'adjectif *stans*, seul ou confondu avec le verbe *esse*, est indiqué par la préposition *in*, qui a son complément à l'ablatif, et que, comme on le voit dans le second de ces exemples, cette préposition est souvent sous-entendue; 8°. (n°. V) que le rapport du lieu par où l'on passe, idée toujours exprimée par l'adjectif *transiens*, seul ou associé au verbe *esse*, est indiqué par la préposition *per*; que le complément de cette préposition est à l'accusatif, et que l'ellipse peut sous-entendre cette préposition, comme on le voit dans le second de ces exemples.

Ce que nous avons dit des signes appelés prépositions, qui n'est qu'une suite d'un principe unique commun à toutes les langues, nous aurait épargné toute autre observation sur cette partie si importante de la grammaire, si, depuis trente ans que nous nous sommes dévoués à l'enseignement des langues, nous avions rencontré, parmi nos nombreux élèves, un seul individu qui eût une connaissance parfaite de la grammaire de sa propre langue. Nous devons donc, ainsi qu'il a fallu le faire dans notre grammaire italienne, suppléer à ce défaut général, qui est la première cause du peu de progrès que l'on fait ordinairement dans l'étude des langues, comme dans celle de toute espèce de science.

III.

EXEMPLES.	ANALYSE.
A primâ luce. Dès la pointe du jour.	(In tempore *profecto*) à primâ luce.

1.	*A Romulo incipiam.* Je commencerai par Romulus.	Incipiam (narrationem *proficiscentem*) *à* Romulo.
	A me salutem dic Ciceroni. Salue Cicéron de ma part.	Dic Ciceroni salutem (*profectam*) *à* me.
2.	*Ab horâ tertiâ bibebatur.* On buvait depuis la troisième heure.	(*Vinum*) bibebatur, (actio bibendi *profecta*) *ab* horâ tertiâ.
	Ab occidente. Du côté de l'occident.	(In locis *extendentibus se*) *ab* occidente.
	Passus sexcentos ab his castris idoneum locum delegit. Il choisit un lieu convenable éloigné du camp de six cents pas.	Delegit locum idoneum (*distantem*) *ab* his castris, (*distantia ejus transiens per*) sexcentos passus.
3.	*Surgunt de nocte latrones.* Les voleurs se lèvent de nuit.	Latrones surgunt (*in tempore proficiscenti*) *de* nocte.
	Fama de illo. Sa renommée.	Fama (*profecta*) *de* illo.
	Liber de contemnendâ morte. Livre du mépris de la mort.	Liber (*tractans materiam proficiscentem*) *de* morte contemnendâ.
4.	*È flammâ petere cibum.* Tirer sa nourriture de la flamme.	Petere cibum (*profectum*) *è* flammâ.
	Ex AEthiopiâ est usque haec. Celle-ci est du fin fond de l'Ethiopie.	Haec est (nata in *illis* locis *exorientibus*) *usque ex* AEthiopiâ.
	Verba ex animo dicere. Parler sincèrement.	Dicere verba (*profecta*) *ex* animo.

5.	*Vagamur egentes cum conjugibus et liberis.* Nous allons errans, pauvres, avec nos femmes et nos enfans.	Egentes vagamur (*juncti*) *cum* conjugibus et (*juncti cum*) liberis.
	Magno cum metu incipio dicere. Je commence à parler avec une grande timidité.	(Ego *junctus*) *cum* magno metu, (ego) incipio dicere.
	Abiit hinc cum primâ luce. Il partit d'ici au commencement du jour.	Abiit hinc (*junctus*) *cum* primâ luce.
6.	*Abire in aliquas terras.* S'en aller en quelques contrées.	(Homo *removens se*) *ab* (*hoc* loco *praesenti*) ire in (loca *attinentia ad*) *aliquas* terras (*terrarum*).
	Patris studium in filiis erudiendis. Le soin des pères à instruire leurs enfans.	Patris studium (*positum*) *in* filiis erudiendis.
	Leges in omnes terras distributae. Les lois répandues par toute la terre.	Leges distributae in (*omnibus* locis *pertinentibus ad*) omnes terras.
	Per mare pauperiem fugimus, per saxa, per ignes. Nous fuyons la pauvreté à travers les mers, les rochers, les flammes.	(Nos) fugimus pauperiem, (nos *transeuntes*) *per* mare, (nos *transeuntes*) *per* saxa, (nos *transeuntes*) *per* ignes.

7.	*Per terga caedebantur.* Ils étaient massacrés par derrière.	Caedebantur (cum gladiis *transeuntibus*) *per* terga.
	Statuerunt istius injurias per vos ulcisci. Ils ont délibéré de venger son injure par votre moyen.	Statuerunt ulcisci injurias istius, (*vindicta transiens*) *per* vos.

Ces exemples sont destinés à avertir les étudians que le plus souvent l'adjectif qui exprime le rapport désigné par la préposition est sous-entendu ; et l'analyse de ces mêmes exemples leur apprend le moyen de restituer les mots que l'ellipse a supprimés ; opération de la plus haute importance, soit pour bien comprendre ce qu'on lit, soit pour tout ramener au principe unique que nous avons établi.

IV.

EXEMPLES.	ANALYSE.
1. *Romam versus ibat.* Il allait vers Rome.	(Ille) ibat (in *illum* locum *qui -est*)-*versus*-(*ad*)-*Romam*.
2. *Ante oculos vestros.* Devant vos yeux.	(In *illo* loco *posito*)-*ante*, (homo *spectans ad*) oculos vestros.
3. *Circa domum meam.* Autour de ma maison.	(In *illo* loco *posito*)-*circa*, (homo *spectans ad*) domum meam.
4. *Citra montes.* En deçà des monts.	(In *illis* locis *positis*)-*citra*, (homo *spectans ad*) montes.

5. *Coram populo.* En présence du peuple.	(In *illo* loco *posito*)-*coram*, (homo spectans locum *extendentem se à*) populo.
6. *Extra provinciam.* Hors de la province.	(In *illis* locis *positis*)-*extra*, (homo *spectans ad*) provinciam.
7. *Orbe terrarum extra.* Hors du monde.	(In *illis* locis *positis*)-*extra*; (homo *spectans ad* fines *extendentes se ab*) orbe terrarum.
8. *Juxta muros.* Près des murs.	(In *uno* loco *posito*)-*juxta*, (homo *spectans ad*) muros.
9. *Post diem tertium.* Après le troisième jour.	(In *illo* tempore *currenti*) -*post*, (homo *spectans ad*) tertium diem.
10. *Trans Tiberim.* Au-delà du Tibre.	(In *illis* locis *positis*)-*trans*, (homo *spectans ad*) Tiberim.
11. *Ante pedes.* Devant les pieds.	(In *illo* loco *sito*)-*ante*, (homo *spectans ad*) pedes.
12. *Ante horam octavam.* Avant la huitième heure.	(In *illo* tempore *volvente-se*) -*ante*, (homo *spectans ad*) octavam horam.
13. *Apud patrem.* Auprès de son père.	(In *illo* loco *sito*)-*apud*, (homo *spectans ad*) patrem.
14. *Carthago Italiam contra.* Carthage vis-à-vis de l'Italie.	Carthago (sita in *uno* loco *posito*)-*contra*, (homo *spectans ad*) Italiam.
15. *Caritas erga populum.* Charité envers le peuple.	Caritas (*versa*)-*erga*, (homo *spectans ad*) populum.

16. *Ponè aedem.* Derrière la maison.	(In *illo* loco *sito*)-*ponè*, (homo *spectans ad*) aedem.
17. *Praeter moenia.* Auprès des murs.	(In *uno* loco *sito*)-*praeter*, (homo *spectans ad*) moenia.
18. *Secus fluvios.* Le long des fleuves.	(In *illo* loco *sito*)-*secus*, (homo *spectans ad*) fluvios.
19. *Ultra Tiberim.* Au-delà du Tibre.	(In *illis* locis *sitis*)-*ultra*, (homo *spectans ad*) Tiberim.
20. *Procul Oceano.* Loin de l'Océan.	(In *illis* locis *sitis*)-*procul*, (homo *movens se ab*) Oceano.
21. *Loca haec circiter.* Autour de ces lieux.	(In *illis* locis *sitis*)-*circiter*, (homo *spectans ad*) haec loca.
22. *Usque Romam.* Jusqu'à Rome.	(In *illis* locis *sitis*)-*usque*, (homo *spectans ad*) Romam.
23. *Clam praeceptore.* En se dérobant aux yeux du maître.	(In *uno* loco *sito*)-*clam*, (homo *movens se à*) praeceptore.
24. *Clam patrem.* A l'insu du père.	(In *uno* loco *sito*)-*clam*, (homo *spectans ad*) patrem.
25. *Sine dubio.* Sans doute.	(Tu) *sine* [relinque] (omnem haesitationem, tu *removens te ab* omni) dubio.
26. *Aurium tenus.* Jusqu'aux oreilles.	(In *illo* loco *sito*)-*tenus*, (homo *spectans ad illum* locum) *aurium*.
AEthiopiam tenus AEgyptum penetravit. Il pénétra l'Egypte jusque dans l'Ethiopie.	Penetravit AEgyptum, (*iens*)-*tenus* (*per illas* regiones *attinentes* - *ad*) AEthiopiam.

27.

Antiochus Tauro tenus regnavit.	Antiochus *regnavit - tenus* (*in*) Tauro.
Antiochus régna jusqu'au Taurus.	
Illi rumores Cumarum tenus caluerunt.	Illi rumores *caluerunt-tenus* (in *illis* regionibus) *Cumarum*.
Ces bruits éclatèrent jusqu'à Cumes.	

28. *Corpora sub terras abdita.* Des corps cachés sous la terre.	Corpora abdita (in *illis* locis *sitis*)-*sub*, (homo *spectans ad*) terras.
29. *Super ripas.* Sur les rives.	(In *illo* loco *sito*)-*super*, (homo *spectans ad*) ripas.
30. *Campi qui subter moenia.* La plaine qui s'étend sous les murs.	Campi qui (sunt *siti*)- *subter*, (homo *spectans ad*) moenia.
31. *Subter litore.* Au-dessous du rivage.	(In *illis* locis *positis*)-*subter*, (locus *extendens se à*) litore.
32. *Abhinc annos quingentos.* Il y a cinq cents ans.	(In *illo* tempore *remoto*)-*abhinc* [ab hinc], (tempus *transactum per*) quingentos annos.
33. *Abhinc annis quindecim.* Il y a quinze ans.	(In *illo* tempore *remoto*)-*abhinc*, (tempus *transactum stans in*) annis quindecim.

L'analyse de ces exemples nous apprend à ramener à l'une des cinq règles établies ci-dessus, les exemples presque sans nombre qui ont donné lieu à autant de règles également contraires à la raison et à la grammaire de toutes les langues.

SEPTIÈME EXERCICE GRAMMATICAL.

1. *Adversus * infimos etiam justitia * est servanda *.*
2. *Ante * hunc * diem.*
3. *Pridiè quam * excessit * vitâ.*
4. *Ad * portum exspectare *.*
5. *Ante * obitum nemo * dici * debet beatus *.*
6. *Exsultat circa * pectus pavor *.*
7. *Qui * sunt citra * Rhenum *.*
8. *Erga * patriam fidelitas *.*
9. *Infra * omnes * infimos.*
10. *Intra * quatuor * annos.*
11. *Juxta * genitorem stat virgo *.*
12. *Ob * eam * rem.*
13. *Te penes * arbitrium * nostrae * vitaeque necisque.*
14. *Currere per * vias.*
15. (*Mithridates*) *regnavit annos * sexaginta.*
16. *Ponè * nos recede *.*
17. *Post * regem primus *.*
18. *Praeter * moenia ipsa *.*
19. *Erant super * mille *.*
20. *Propter * aquae * rivum.*
21. *Secundum * litus.*
22. *Supra * spem hominum.*
23. *Trans * mare currunt.*
24. *Vagari * ultra * terminum.*
25. *Auxilium ab * alienis efflagitare *.*
26. *Bella matribus * detestata.*
27. *Clam * viro *.*
28. *Ipsis * coram *.*
29. *Marte palam *.*
30. *Filia cum * patre habitat.*
31. *Quùm de * me apud * te loquor *.*

32. *Erat è * regione oppidi collis.*
33. *Praesiliunt mihi lacrymae prae * laetitiâ.*
34. *Illum * amavi pro * meo.*
35. *Vanae leges sine * moribus.*
36. *In * praesens tempus.*
37. *Circiter * ad * calendas.*
38. *Prope * me habitat.*
39. *Propius * solis ad * ignem.*
40. *Prope à * Siciliâ.*
41. *Procul * à * patriâ domoque.*
42. *Usquene * valuisti ?*
43. *Versum * ad * eum *.*
44. *In * Galliam versus *.*
45. *Venit ab * aethere fulgur.*
46. *Ad * pedes cadere.*
47. *In * ante * diem quartum distulit *.*
48. *Apud * eum * Sulpitius * sedebat *.*
49. *Circum * litora.*
50. *Cis * Euphratem * fuit.*
51. *Extra * modum.*
52. *Rosae * inter * lilia fulgent.*
53. *Ob * oculum habebat.*
54. *Per * angustos canales serpit * aqua *.*
55. *Per * me nulla * est mora.*
56. *Post * hunc * diem.*
57. *Supra * lunam * sunt aeterna * omnia *.*
58. *Nuntii trans * mare missi.*
59. *Ab * invidiâ abesse.*
60. *Venit à * Româ.*
61. *Auxilium à * vobis petunt *.*
62. *Clam * suum * patrem.*
63. *Scipio * ingenti * gloriâ triumphavit *.*
64. *De * hâc * re mihi dubium non est.*
65. *Literas è * Philotimo accepi *.*
66. *Hasta posita pro * aede Jovis *.*

67. *Exspectare in * aliud * tempus.*
68. *Abire sub * jugum.*
69. *Sub * veste abditum habebat cultrum *.*
70. *Subter * moenia.*
71. *Super * Garamantas * et Indos *.*
72. *Profectò fortuna * in * omni * re dominatur *.*
73. *Prope ad * te.*
74. *Non procul * Oceano.*
75. *Usque * domi * ero.*
76. *Usque * à * cunabulis.*
77. *Brundusium * versus *.*
78. *Fluctus ad * sidera tollit.*
79. *Nobis * placeant * ante * omnia * sylvae *.*
80. *Apud * populum industriè dicere *.*
81. *Cis * paucos * dies.*
82. *Extra * ostium.*
83. *Flammam inter * et hostes expedior *.*
84. *Inter * paucos * dies.*
85. *Per * tempus advenis.*
86. *Per * te stetit *.*
87. *Post * conditam urbem Romam *.*
88. *Praeter * modum.*
89. *Mare * quod * supra * terram est.*
90. *Ab * Romanis tubae cornuaque cecinerunt *.*
91. *Modò * in * Galliam profectus * est.*
92. *Quid * verbis * opus est?*
93. *Videtis ut omnes * despiciat * *, ut hominem prae * se neminem * putet * *.*
94. *Absque * te.*
95. *Hâc super * re scribam * ad * te.*
96. *Fugientes * usque * ad * flumen. . . . persequuntur *.*
97. *Ad * exorientem versus *.*
98. *Habitare * ad * occasum.*
99. *Ab * omni * aeternitate vixit animus *.*
100. *Per * se ipsâ probitas parum tuta.*

CHAPITRE VIII.

Des Adverbes.

I.

EXEMPLES.	ANALYSE.
1. *Fortiter ferto dolorem.* Supporte courageusement la douleur.	(Tu) ferto dolorem *cum mente forti.*
2. *Vehementer iratus.* Fortement irrité.	Iratus *cum mente vehementi.*
3. *Id valdè graviter ferebam.* Je supportais cela bien péniblement.	(Ego) ferebam id (factum) *cum mente gravi valdè.*

On voit par ces exemples que les adverbes latins ont leur désinence en *è* ou en *ter;* et l'analyse nous démontre, 1°. que l'adverbe est équivalent à une préposition qui a pour complément un nom et un adjectif; 2°. que la seule propriété de ces mots est de modifier l'adjectif.

En effet, l'adverbe *fortiter* du premier exemple modifie l'adjectif *ferens*, contenu dans *ferto*, contraction de *esto ferens;* dans le second, l'adverbe *vehementer* modifie l'adjectif *iratus;* dans le troisième, enfin, l'adverbe *valdè* [cum mente validâ] modifie l'adjectif *gravi* contenu dans la forme *graviter*, équivalente à *cum mente gravi.*

II.

	EXEMPLES.	ANALYSE.
I.	1. *Primò.* Premièrement.	(In *illo* loco) *primo.*
	2. *Optatò.* A propos.	(In *hoc* tempore) *optato.*
	3. *Primùm.* D'abord.	(In *illâ* horâ *proximâ-ad* -ILLUD *tempus*) - PRIMUM.
	4. *Rarò.* Rarement.	(In *uno* tempore) *raro.*
	5. *Turbidum.* Tumultueusement.	(In *illo* modo *pertinenti* -*ad*-UNUM - *negotium*-) TURBIDUM.
II.	1. *Age.* Allons.	(Tu) *age* [tu age *illud* negotium ·X·]
	2. *Ave.* Bonjour.	(Tu) *ave.*
	3. *Scilicet.* Savoir.	*Scire licet* [scire *hoc* negotium ·X· licet].
	4. *Videlicet.* C'est-à-dire.	*Videre licet* [videre *hoc* factum ·X· licet].
III.	1. *Hodiè.* Aujourd'hui.	(In) *hoc* die (*praesenti*).
	2. *Magnopere.* Fortement.	(Cum *uno*) opere *magno.*
	3. *Obviam.* Au-devant.	*Ob viam.*
	4. *Manè.* De matin.	(In) *mane.*

Nous devons avertir qu'un grand nombre de ces locutions, qu'on appelle *adverbes*, parce qu'elles sont effectivement adverbiales, dérivent dans le latin, comme dans nos langues, soit des adjectifs, comme celles du numéro 1, soit des verbes, comme celles du numéro 2, soit enfin des noms, comme celles du numéro 3. Il faut que les Étudians s'accoutument de bonne heure à remonter par l'analyse, autant qu'il est possible, à l'origine de ces expressions plus ou moins contractées par l'ellipse ; c'est le seul moyen de bien comprendre ce qu'on lit.

III.

EXEMPLES.	ANALYSE.
1. *Multis ante annis.* Depuis bien des années.	(*Illud* factum ·X· fuit gestum in) *multis* annis (*transactis*) -*ante*, (homo spectans ad *hoc* tempus *praesens*).
2. *Extemplo.* Incontinent.	(*Illud* factum ·X· fuit gestum in *illo* tempore, *ille-erat -egrediens*)-*ex*-templo (in *quo* tempore ·X·)
3. *È vestigio.* Sur-le-champ.	(*Hoc* factum ·X· erit gestum antequam tu exeas)-*è* [ex] (*hoc*)-vestigio ·X·.

Toute expression modificative, composée de plusieurs mots, s'appelle *expression adverbiale*. L'analyse la ramène à sa forme originaire par la restitution dans le texte des mots que l'ellipse a dû supprimer pour obtenir la forme la plus simple.

IV.

ANALYSE

Des Adverbes et des Mots employés adverbialement, qui semblent avoir un complément.

1. *Pridiè calendarum.* La veille des calendes.	(In *illâ*) die *priori*, (homo spectans ad *illam* diem) *calendarum.*
2. *Postridiè calendas.* Le lendemain des calendes.	(In *illâ*) die *posteriori*, (homo spectans *ad*) *calendas.*
3. *Paulum triti salis.* Un peu de sel trituré.	*Paulum* (pondus) *triti-salis.*
4. *En Petrus.* Voilà Pierre.	*Adspice :* Petrus (venit).
5. *En quatuor aras.* Voici quatre autels.	*Adspice :* (tu vides) *quatuor* aras (*ex-aris*).
6. *Ecce tuae literae.* Voici tes lettres.	*Adspice ;* (*illae*) literae *tuae* (adsunt).
7. *Ecce patrem vestrum.* Voici votre père.	*Adspicite :* (vos videtis *illum*) patrem *vestrum.*
8. *Ubi terrarum ?* En quelle partie du monde?	(In *quo*) ubi *terrarum ?*
9. *Undè gentium est ?* D'où est-il?	(Ex *quo*) unde *gentium* est ?
10. *Quò gentium confugiam ?* Où me réfugierai-je?	(In) *quo* (loco) *gentium* (es *ille* locus *in-quem-locum* X)-confugiam ?
11. *Eò insolentiae.* A un tel point d'insolence.	(In) *eo* (gradu) *insolentiae.*

12. *Hùc arrogantiae.* A un tel point d'arrogance.	(In *eo*) huc *arrogantiae.*
13. *Tunc temporis.* Alors.	(In *illo*) tunc *temporis.*
14. *Instar urbium.* Comme des villes.	(In *illo* modo *pertinenti-ad* -ILLUD)-*instar*-URBIUM.
15. *Parvi illos pendo.* Je les estime peu.	Pendo illos (pro *illo* pretio) *parvi-(pretii)*.
16. *Nimio pluris hoc emi.* Je l'ai acheté trop cher.	Emi hoc (pro *illo* pretio)-nimio (*pretii*)-*pluris*, (quàm id constitit).
17. *Eum nihili facio.* Je ne l'estime point.	*Ni* [ne, non] facio eum (tantum, quantum *illud* pretium) *hili.*
18. *Pigros flocci pendo.* Je ne fais point de cas des paresseux.	Pendo pigros (*illud* pretium) *flocci.*
19. *Parvi tuâ refert.* Il vous importe peu.	(*Hoc* negotium ·X·) fert (*unum* opus *ponderis*)-*parvi* (in *istâ*) re *tuâ.*
20. *Meâ magis refert.* Il m'importe plus.	(*Hoc* negotium ·X·) fert (*unum* opus *grande*)-*magis* (in *hac*) re *meâ*, (quam. . . . .).
21. *Habes multum otii.* Vous avez beaucoup de loisir.	Habes *multum* (tempus) *otii.*
22. *Intra muros peccatur, et extra.* On pêche au dedans des murs, et au dehors.	(Peccatum) peccatur (*in locis sitis*)-*intra*, (homo *spectans ad*) muros, et (. . . .) *extra*, (homo *spectans ad* muros).

L'analyse nous démontre que tous ces exemples, ainsi que tous les exemples semblables, sont construits d'après les principes généraux et communs à toutes les langues, que nous avons établis.

HUITIÈME EXERCICE GRAMMATICAL.

1. *Tria * non commutabitis * verba hodiè *.*
2. *Instar * montis equum aedificant *.*
3. *Quomodò * mortem filii * tulit * ?*
4. *Quid * ais, ubi * me nominas * ?*
5. *Nimium * libenter * audivi sermonem tuum *.*
6. *Avidum * sua * saepe * deludit aviditas.*
7. *Ego, ut * spero, propediem * te videbo *.*
8. *Hominem hunc * quamprimum * expeditote *.*
9. *Agedum *, eam * solve cistulam.*
10. *Sequere * hac *, sis, me.*
11. *Repentè * exortus sum, repentino * occidi.*
12. *Breviores * has * literas tabellario properanti subitò * dedi *.*
13. *Modo *, sis, veni hùc *.*
14. *Pugnatum * amplius * duabus * horis est.*
15. *Omnia * humana placatè et moderatè feramus *.*
16. *I intro * nunc * jam *.*
17. *Si quid * usquam * justitiae est.*
18. *Delos * ubi * nunc *, Phœbe *, tua * est?*
19. *Mons * ibi * verticibus petit * arduus astra * duobus *.*
20. *Rectè * mones *.*
21. *Decies * in * die mutat locum *.*
22. *Ita * prorsus * existimo *.*
23. *Vivos radicitus * abstulit ungues.*
24. *Nam id * te scire cupere certò scio *.*
25. *Fortè * sub * argutâ consederat ilice Daphnis *.*
26. *Vinum * aegrotis, quia prodest rarò *, nocet saepissimè, melius * est non adhibere omninò *.*

27. *Italiam * non spontè * sequor *.*
28. *Procul *, ó, procul este, profani *.*
29. *Fortassè * tu profectus aliò fueras.*
30. *Hìc * tui omnes valent.*

CHAPITRE IX.

Des Conjonctions.

I.

	EXEMPLES.	ANALYSE.
I.	1. *Benè et sapienter vivit.* Il vit bien et sagement.	1. Vivit benè, 2. *Ego* *addo huic sententiae meae hanc sententiam* X, 3. *quae sententia addita huic sententiae meae est hæc sententia sequens*, 4. (Vivit) sapienter.
II.	2. *Leti vis rapuit, rapietque gentes.* La force de la mort a enlevé et enlevera les nations.	1. Vis leti rapuit gentes, 2. *Ego* *addo huic sententiae meae hanc sententiam* X 3. *Quae sententia addita huic sententiae meae est haec sententia sequens*, 4. (Vis leti) rapiet gentes.

III.	*Amat puellam pulchram et honestam.* Il aime une jeune fille belle et de bonne famille.	1. Amat (*unam*) puellam ✠, 2. (Nos credimus *quam* puellam) *pulchram*, 3. *Tu adde huic qualitati hanc qualitatem* ✠, 4. *Quae qualitas addenda huic qualitati est haec qualitas sequens*, 5. (Nos credimus *quam* puellam) *honestam*.
IV.	*Natumque patremque cognovi.* J'ai connu le fils et le père.	1. (Cognovi *ambos* viros *illos*) [hoc est] 2. (Ego) cognovi natum, 3. *Ego addo huic facto hoc factum* ✠ 4. *Quod factum additum huic facto est hoc factum sequens*, 5. (Ego cognovi) patrem.

On voit par l'analyse, 1°. que la seule et unique propriété de la conjonction est de lier une proposition à une autre; 2°. que la conjonction n'est autre chose qu'un assemblage de plusieurs propositions contractées par l'ellipse, et réduites à la plus simple expression possible; 3°. que la conjonction contient toujours en elle-même, implicitement ou explicitement, l'adjectif conjonctif *qui, quae, quod,* qui, que, lequel, etc.; particularités qui conviennent également à toute langue quelle qu'elle soit.

L'analyse du troisième exemple nous apprend la marche à suivre toutes les fois que plusieurs attributions appartiennent au même individu.

On voit, par le dernier exemple, que lorsque la conjonction précède le premier des objets énumérés, c'est que l'ellipse sous-entend une proposition collective, après laquelle on passe tout naturellement à chacune des individualités qui composent la collection. C'est au professeur Lemare que nous sommes redevables de cette vérité.

Les conjonctions *ac* et *atque* ont la même valeur que la conjonction *et*, et sont soumises à la même forme d'analyse.

II.

ANALYSE

des Conjonctions et des Expressions conjonctives qui demandent une attention particulière.

I.

EXEMPLE.	ANALYSE.
Vidi greges magnos gallinarum, nec non gruum. Je vis de grandes troupes de poules et de grues.	(Ego) fui (*unus* vir) *videns* -MAGNOS-*greges*-GALLINARUM, et (ego fui *unus* vir) *non* - (*ens*) - *non* (- *videns* -MAGNOS-*greges*)-GRUUM.

L'analyse nous apprend que la première des deux négations qui composent la forme *nec non*, appartient au participe présent du verbe substantif *esse*, élément de la forme *fui ens videns* (je fus étant voyant), et la seconde à l'adjectif *videns*, qui est le dernier des trois élémens qui entrent dans la composition de cette même forme; ce qui rend l'expression *ego fui non ens non videns* tout-à-fait égale, pour le sens, à l'expression *ego fui videns;* c'est-à-dire : *ego vidi.*

2.

EXEMPLE.	ANALYSE.
Aliter facit ac dicit. Il fait autrement qu'il ne dit.	(Ille vir) facit aliter, ac (ille vir) dicit (aliter).

Cette analyse nous démontre que, quelle que soit l'apparence de la lettre, la particule *ac* ou *atque* ne joue jamais d'autre rôle que celui de joindre une proposition à une autre.

Analysez de même les expressions *aeque ac* ou *atque*, de même que; *simul ac* ou *atque*, aussitôt que; *secus ac* ou *atque*, autrement que; ainsi que toute autre expression conjonctive où se trouve la conjonction *ac* ou *atque.*

3.

EXEMPLE.	ANALYSE.
Aut bibat aut abeat. Ou qu'il boive ou qu'il parte.	*Ego pono hanc alternationem* ·X·, *quae alternatio* ·X· *est haec alternatio sequens*, (ille) bibat; *ego pono hanc alternationem*, etc. (ille) abeat.

Telle est la valeur et l'analyse des conjonctions *aut*, *vel*, *ve*, dont la dernière se trouve toujours placée après le second des mots dont la proposition est composée.

4.

EXEMPLE.	ANALYSE.
Cum venire poterit, tum veniat. Qu'il vienne, lorsqu'il pourra venir.	(Ille vir) veniat *tum* [in illo tempore proximo ad illud tempus], (ille) poterit venire *cum* [in quo tempore proximo ad quod tempus.]

L'analyse nous apprend la véritable valeur des conjonctions *cum* et *tum*, dont la seconde est l'antécédente, et la première sa corrélative. Il est bon de savoir que l'ellipse sous-entend souvent l'antécédent de ces deux termes.

5.

EXEMPLES.	ANALYSE.
1. *Ago tibi gratias, quod ad me librum misisti.* Je te remercie de m'avoir envoyé le livre.	(Ego) ago gratias tibi (pro hoc negotio) *quod* (negotium ·X· est hoc negotium sequens, tu) misisti librum ad me.
2. *Quod si hoc fecisses, nihil evenisset mali.* Que si tu avais fait ceci, il ne serait arrivé aucun mal.	(Ego affirmo hoc factum ·X·) *quod* (factum ·X· est hoc factum sequens), si [haec conditio sit posita] (tu) fecisses hoc, nihil mali evenisset.
3. *Quò difficilius, hoc praeclarius.* D'autant plus beau qu'il est plus difficile.	(Unum opus est) praeclarius (prae) *hoc* (negotio, illud est) difficilius (prae) *quo* (negotio).

4. *Tam consimilis est, quam potest.*
Il est aussi ressemblant qu'il peut l'être.

(Ille) est consimilis (in gradu pertinenti ad gradum) *tantum*, (ille) potest (esse consimilis in gradu pertinenti ad gradum) *quantum*.

5. *Quam potero adjuvabo illum.*
Je l'aiderai autant que je le pourrai.

(Ego) adjuvabo illum (in uno gradu pertinenti ad unum gradum *tantum*, ego) potero (adjuvare illum in uno gradu pertinenti ad unum gradum) *quantum*.

Cette analyse a pour but de démontrer que le mot *quod*, appelé conjonction, n'est jamais autre chose que l'adjectif conjonctif *quod*, se rapportant à un nom du genre neutre, sous-entendu, et déterminant ce même nom avec le concours d'un adjectif.

L'analyse des deux derniers exemples nous apprend que les mots *tam* et *quam* sont une contraction des adjectifs *tantum* et *quantum*, au cas accusatif, dont les formes du nominatif sont *tantus* et *quantus*.

Le dernier exemple nous avertit que l'ellipse peut sous-entendre l'antécédent *tam;* et l'analyse nous révèle le moyen de restituer dans le texte ce même mot.

6.

EXEMPLES.	ANALYSE.
1. *Postquam te vidi.* Depuis que je t'ai vu.	(In tempore *transacto*) *post*, (homo spectans ad illam horam, ego) vidi te (in tempore attinenti ad) *quam* (horam).

2. *Antequam veniat.* Avant qu'il vienne.	(In tempore *transeunte*) *ante*, (homo spectans ad illam horam, sors efficiet ut ille) veniat (in tempore attinenti ad) *quam* (horam).
3. *Priusquam incipias.* Avant que tu commences.	(In tempore *transeunte*) *prius*, (homo spectans ad illam horam, sors faciet ut tu) incipias (in tempore attinenti ad) *quam* (horam).

On voit par l'analyse que ces formes conjonctives se composent d'un adverbe et de l'adjectif conjonctif *quam*, accusatif de la forme du genre féminin.

7.

EXEMPLE.	ANALYSE.
Quî possum hoc facere? Comment puis-je le faire?	(Ego rogo te illum modum, ego) possum facere hoc (negotium) *in quo modo*.

C'est l'opinion de tous les grammairiens philosophes, que, dans cette phrase et les phrases semblables, le mot *quî* n'est autre chose que l'adjectif conjonctif *quo*, transformé de la sorte; ce que prouve la forme *quicum* employée pour *quocum* ou *cum quo*.

8.

EXEMPLE.	ANALYSE.
Insanine estis? — Quidum? Etes-vous fous? — Comment donc?	*Quidum* : dicite(*illum* modum) *quî* [in quo modo ※] vos estis insani *dum* [in illo tempore ego loquor sic in quo tempore].

Cette analyse nous est suggérée par la grammaire latine du professeur Lemare. Avant d'avoir vu cette grammaire, nous pensions, contre l'avis de Facciolati et des autres grammairiens, que la forme *quidum* était une contraction de *quid dum;* et nous expliquions cette forme par *quid ais dum sic loqueris.*

9.

EXEMPLES.	ANALYSE.
1. *Quin tu urges occasionem istam?* Pourquoi ne saisis-tu pas cette occasion?	(Pro) *quo* (negotio tu) *ne* [non] urges *istam* occasionem X?
2. *Placet puella, quin amatur.* La jeune fille plait, bien plus elle est aimée.	(Illa) puella placet; *quin* [quid non potest amor?] (illa puella) amatur.
3. *Non prohibeo quin eat.* Je ne l'empêche pas d'aller.	(Ego) non prohibeo (hoc factum) *quod* (est : ille) *ne* [non] eat.

On voit par l'analyse que la conjonction *quin* n'est autre chose que l'adjectif conjonctif et la particule négative *ne.* Lemare traduit le *quin* du second exemple par *quid non dicam,* formule dont on peut profiter à l'occasion.

10.

EXEMPLE.	ANALYSE.
Negotium tenuit quominus ad te venirem. Une affaire m'a empêché d'aller chez vous.	(Unum) negotium X tenuit (me, pro) *quo* (negotio id accidit quod est, ego) *minus* [non] venirem ad te.

On voit par l'analyse que l'expression *quominus* se compose de l'adjectif conjonctif *quo* et de l'adverbe *minus*, qui prend ici la signification de la particule négative *non*, de même que dans l'exemple suivant rapporté par Facciolati à l'appui de cette vérité : *nonnunquam ea quae praedicta sunt minus eveniunt.*

II.

EXEMPLES.	ANALYSE.
1. *Accipe quare te non diligam.* Apprends pourquoi je ne t'aime pas.	Accipe (hanc rem pro) *quâ* re ✠ (animus meus vult ut ego) non diligam te.
2. *Quare non respondes?* Pourquoi ne réponds-tu pas?	(Ego quaero *hanc* rem ✠, tu) non respondes (pro) *quâ* re ✠.
3. *Cur non venit?* Pourquoi ne vient-il pas?	(Ego quaero *hanc* rem ✠, ille) non venit (pro) *quâ* re ✠.
4. *Cum requireret cur ita faceret.* Demandant pourquoi il agissait de la sorte.	Cum requireret (rem, ille) faceret ita (pro) *quâ* re ✠

On apprend par l'analyse que l'expression *quare* n'est autre chose que l'adjectif conjonctif *quâ* déterminant le nom *re*, ablatif de *res*, avec le concours de l'expression représentée par le signe ✠. La forme *cur*, qu'on a écrite d'abord *quur* et *quor*, est une contraction de *quare*.

III.

ANALYSE

des Expressions ita ut *ou* uti, sic ut, tam ut, adeò ut, tantus ut, talis ut.

EXEMPLES.	ANALYSE.
1 *Ita est natura hominum, ut malint se repelli quam decipi.* Telle est la nature de l'homme, qu'il aime mieux être refusé que trompé.	Natura hominum est (conflata) *in eum modum*, (eam esse conflatam *in quem modum* necesse est ad efficiendum *hoc negotium*) *quod* (est : homines) malint se repelli quam decipi.
2. *Sic est vulgus ut multa aestimet ex opinione.* Le vulgaire est fait de manière qu'il juge de beaucoup de choses d'après l'opinion générale.	Vulgus est (formatum) *in eo modo*, (illud esse formatum *in quo modo* necesse est ad efficiendum *hoc negotium*) *quod* (est : ille) aestimet multa ex opinione.
3. *Nullum tam impudens mendacium est, ut teste careat.* Il n'y a pas de mensonge si impudent, qu'il manque de témoin pour le soutenir.	Nullum mendacium est impudens *in modum tantum*, (illud esse impudens *in modum quantum* necesse est ad efficiendum *hoc negotium*) *quod* (est : illud) careat teste.
4. *Tantum inter se distant, ut nemo sit alteri similis.* Ils sont si différens, qu'aucun d'eux ne ressemble à un autre.	(Illi) distant inter se *in modum tantum*, (eos distare *in modum quantum* necesse est ad efficiendum *hoc negotium*) *quod* (est) : nemo sit similis alteri.

5. *Non adeò virtutum sterile saeculum, ut non et bona exempla prodiderit.*
Siècle non si stérile en vertus, qu'il n'ait produit de bons exemples.

Saeculum non sterile virtutum *ad* eum terminum constantem in) *eo* (termino, illud esse sterile *in quo termino* necesse est ad efficiendum *hoc negotium*) *quod* (est : illud) non prodiderit et bona exempla.

6. *Vita quidem talis fuit, vel fortunâ, vel gloriâ, ut nihil posset accedere.*
Sa vie, soit du côté de la fortune, soit du côté de la gloire, fut telle qu'on ne pouvait rien y ajouter.

Vita (ejus) fuit quidem *talis*, ... (illam esse *qualem* necesse fuit ad efficiendum *hoc negotium*) *quod* (est) : nihil posset accedere.

7. *Tantum hostium intra muros est, ut eos alere non possimus.*
Il y a tant d'ennemis au-dedans des murs, que nous ne pouvons pas les nourrir.

Tantum (agmen) hostium est intra muros, (agmen *quantum* esse intra muros necesse est ad efficiendum *hoc negotium*) *quod* (est : nos) non possimus alere eos.

8. *Devovit se morti pro virginis libertate : tantum amavit non amantem !*
Il se dévoua à la mort pour la liberté de cette jeune fille. Tant il aima celle qui ne l'aimait pas !

Devovit..... virginis. (Ille) amavit (in modum) *tantum* (virginem) non amantem (eum, amare eam *in modum quantum* necesse fuit ad efficiendum *hoc negotium* (*quod*) est : ille devovit se morti pro libertate ejus).

On apprend par cette analyse comment il faut procéder pour ramener au principe unique que nous avons établi toutes les expressions conjonctives où se trouve le mot *ut*, et dans lesquelles le premier élément annonce une comparaison dont le second terme est toujours sous-entendu.

IV.

DÉCOMPOSITION ET ANALYSE
d'autres Expressions conjonctives dignes de remarque.

Quâquâ [quâ quâ] : *in omni parte in quâ parte. . . . . . in quâ parte. . . . . .* quelque part que.

Quanquam [quam quam] : *per tantum opus per quantum opus. . . . . . per tantum opus per. . . . .* quoique.

Quapropter [qua propter] : *propter quae negotia ;* c'est pourquoi.

Quantumvis [quantum vis] : *per tantum opus per quantum opus tu vis ;* autant que tu voudras.

Quatenus [quâ tenus] : *in illâ viâ in quâ viâ homo it tenus ad. . . . . .* jusqu'où.

Quoniam [quo-n-jam] : *cum hoc facto cum quo facto jam ;* puisque.

Quia [qui jam] : *propter hanc rationem quae ratio est jam . . . . . .* parce que.

Quando [quâ in die] : *in illâ die in quâ die . . . . . .* lorsque.

Quamdiu [quantum diu] : *per unum tempus tantum per quod tempus quantum diu ;* aussi long-temps que.

Tantò quantò : in volumine tanto, in volumine quanto ; autant que.

Si [sit] : *hoc factum sit positum, quod factum est*...... si.

Sive [si vel] : *velis hoc factum sit positum, quod factum est*....... soit que.

NEUVIEME EXERCICE GRAMMATICAL.

1. *Non dixi * secus * ac * sentiebam.*
2. *Num * lacrymas victus dedit, aut * miseratus * amantem est?*
3. *Hoc * me ipse consolabar *, quod * non dubitabam.*
4. *Postquam * natus * sum, satur nunquam * fui.*
5. *Necesse * est quo * tu me modo voles *, ita * esse, mater *.*
6. *Quamquam * tibi immaturo, et unde * minimè decuit *, vita erepta * est, tamen * laetandum * magis *, quam * dolendum * puto casum tuum *.*
7. *Quando * hoc * benè successit, hilarem hanc * sumamus * diem.*
8. *Utinam * lex esset * eadem * uxori, quae * est viro!*
9. *Dummodo * potentiam consequantur *.*
10. *Si * ita * est, omnia * faciliora *; sin * aliter *, magnum * negotium.*
11. *Donec * eris felix *, multos * numerabis amicos.*
12. *Sicut * eram, fugio sine * vestibus.*
13. *Ego tamdiù * requiesco, quamdiù * ad * te scribo.*
14. *Semper * vigilavi * et providi * quem ad modum * salvi esse possemus *.*
15. *Dabo operam ut istuc * veniam *, antequam * planè * ex * animo tuo effluo *.*
16. *Mirari * Cato se aiebat *, quod * non rideret * haruspex * haruspicem cum vidisset *.*
17. *In * aliis rebus, aliisque sententiis versaris *, atque * ille *.*

18. *Tam * consimilis est atque * ego.*

19. *Sed * videone ego Pamphilippum cum * fratre Epignomo? atque * is * est.*

20. *Dubitare cogatur *, utrum * sit * efficacius *, ad * rectè vivendum *, benè * institui, aut * feliciter * nasci.*

21. *Tu crebras à * nobis literas exspecta, et plures * etiam ipse * mittito.*

22. *Nos ubi * decidimus quò * pius Aeneas *, quò * dives Tullus et Ancus, pulvis * et umbra * sumus.*

23. *Priusquam * incipias *, consulto; et ubi * consulueris * maturè, facto * opus * est.*

24. *Multa * mihi * veniebant in * mentem, quamobrem * istum * laborem tibi etiam honori putarem * fore *.*

25. *Urbs quae, * quia * postrema aedificata est, Neapolis nominatur *.*

26. *Res bello * gesserat, quamvis * calamitosas, attamen * magnas.*

27. *Quamdiù * potuit *, tacuit *.*

28. *Multi * mortales vitam *, sicuti * peregrinantes *, transiere *.*

29. *Lupi ceu * raptores, per * tela, per * hostes vadimus.*

30. *Iter, etsi * non infestum *, suspectum tamen *.*

31. *Habeat *, si * argentum * dabit *.*

32. *Itaque *, velut * si urbem aggressurus * Scipio foret *, ita * ad arma est conclamatum *.*

33. *Si * ferae partus suos * diligunt *, quâ * nos in liberos nostros caritate esse debemus?*

34. *Quaeramus * quae * tanta * vitia fuerint * in unico filio, quare * is * patri displiceret.*

35. *Ac * venti, quâ * data * porta, ruunt *.*

36. *Tua * est imago, tam * consimilis est quam * potest.*

37. *Croesus hostium * vim se perversurum * putavit *, pervertit autem * suam *.*

38. *Cur * non adsum vel * spectator * laudum * tuarum, vel particeps *, vel * socius *, vel minister * consiliorum.*

39. *Pellitur et * uxor et * vir.*
40. *Et * vita est eadem, et animus te erga * idem ac * fuit.*
41. *Non benè * conveniunt, nec * in unâ sede morantur *, majestas et * amor *.*
42. *Duabus * tribusve * horis.*
43. *Erat in * Miltiade cum * summa humanitas, tum mira comitas.*
44. *Nihil abest quin * sim * miserrimus *.*
45. *Omnia * feci, quare * perditis resisterem *.*
46. *Ut * res dant sese, ita * magni * atque * humiles sumus.*
47. *Vitam silentio * transire *, veluti * pecora quae *......*
48. *Vide si * quid * opis potes * afferre huic *.*
49. *Honos talis * paucis * est delatus, ac * mihi.*
50. *Mitte ista *, atque * ad * rem * veni *.*
51. *Per * me * vel * stertas licet *.*
52. *Praeclarè facis *, cum * puerum * diligis *.*
53. *Quam * potero, adjuvabo * senem *.*
54. *Haec * negotia quomodò * se habeant *, ne * epistolâ quidem narrare * audeo *.*
55. *Ne fortè mirere cur * à * te id * petamus.*
56. *Ut * illud * incredibile * est, sic * hoc * verisimile * non est.*
57. *Otium ubi * erit, tecum * loquar *.*
58. *Si * nocte *, sive * luce *, sive * servus, seu * liber faxit, probè factum *.*
59. *Mirum * si * domi * est.*
60. *Fruare * dum * licet *.*
61. *Is * ad * me dedit literas, uti * placarem * te sibi *.*
62. *Erravit * an * insanivit Apronius * ?*
63. *Aliud * respondes, ac * rogo *.*
64. *An * potest ullà * esse excusatio ?*
65. *Nisi * me fallit * memoria *.*
66. *Aliud * agnoscit, atque * sentit *.*
67. *Non secus ac * si * meus * esset * frater.*
68. *Nec * sim * salvus, si * aliter * scribo, ac * sentio.*

69. *Quantumvis * * sis * doctus, multa tamen * nescis.*

70. *Nescio si tuum * ad * has * ineptias inclinetur * ingenium.*

71. *Pro * eo * ac * debui.*

72. *Iidem * labores non sunt aeque * graves imperatori * et militi *.*

73. *Aliter * cum * tyranno, aliter * cum amico * vivitur *.*

74. *Aliter, atque * ostenderam *, facio *.*

CHAPITRE X.

Des Interjections.

I.

EXEMPLES.	ANALYSE.
1. *Ah! me nimium decepit.* Ah! il m'a trop trompé.	*Ah :* ego indignor hoc factum.
2. *Ah! spero.* Ah! j'espère.	*Ah :* ego sum beatus.
3. *Eheu! me miserum!* Ah! malheureux que je suis!	*Eheu :* ego doleo luctum meum, (vos deplorate) me miserum.
4. *Vae victis!* Malheur aux vaincus!	*Vae :* ego doleo hoc, (multa mala impendent) victis.
5. *Hei! misero mihi!* Hélas! malheureux que je suis!	*Hei :* ego doleo casum meum, (vos opitulamini) mihi misero.
6. *Te dementem! si tunc mortem times, cum tonat.* Insensé! si tu crains la mort quand il tonne.	*Te dementem :* ego irrideo te dementem.

7. *Proh Deûm atque hominum fidem!* Oh! j'en atteste la foi des Dieux et des hommes.	*Proh :* ego indignor id factum, ego obtestor.....
8. *O faciem-pulchram!* O le beau visage!	*O* : ego laetor, (ego miror *hanc*) faciem *pulchram*.

On voit par l'analyse, 1° que chacun de ces cris soudains, qu'on appelle *interjections*, est l'expression d'un jugement, et que par conséquent il contient implicitement un sujet et un attribut; 2° que le même cri peut être l'expression de plusieurs sentimens divers, soit d'alégresse, soit d'indignation, de colère, etc.; 3° que lorsque d'autres mots se trouvent avec une interjection, ces mots sont autant d'élémens d'une ou de plusieurs propositions elliptiques, que la passion ne nous permet pas d'exprimer par les voies ordinaires, ou bien une sorte d'analyse ou une traduction de l'interjection elle-même.

II.

EXEMPLES.	ANALYSE.
1. *Sed, hercule......* Mais vraiment.	*Hercule :* Hercules, plecte me, si ego mentior.
2. *Pol, me occidistis!* Ah! vous m'avez assassiné.	*Pol :* sic Pollux adjuvet me.
3. *Haec quidem, Aedepol, larvarum plena sunt.* Ces choses sont en vérité pleines de fantômes.	*Aedepol :* adjuro per aedem Pollucis.

Les mots *hercule* ou *hercle* ou *hercules*, *aedepol* ou

pol et semblables, employés comme interjections, sont, comme on le voit par l'analyse, autant d'élémens d'une ou de plusieurs propositions, dont l'ellipse, impérieusement commandée par les circonstances, sous-entend tous les autres mots.

DIXIÈME EXERCICE GRAMMATICAL.

1. *Medius fidius, invitus dicam.*
2. *Pulchrè *, mehercule *, dictum *!*
3. *Heu * me miseram!*
4. *Hem *! misera occidi.*
5. *Spem gregis *, ah *! silice in nudâ connixa reliquit *.*
6. *Eho *! dic mihi.*
7. *Eja *! age; rumpe moras *.*
8. *Eheu *! misero mihi!*
9. *Nae *! ego, si * ita * est, velim tibi eum * placere quam * maximè *.*
10. *Vae * te!*
11. *Sed, hercule *! facilè * patior *.*
12. *Vae * misero mihi! quantâ de * spe decidi.*
13. *Pulchrè, mehercule *! dictum *, et sapienter *.*
14. *Nec nunc *, mecastor *! quid * hero dicam, queo comminisci *.*
15. *Heu *! nequeo quin * fleam *.*
16. *Heus, heus *! Syre *.*
17. *Hei * mihi! qualis * erat.....*
18. *Ah *! rogitas *?*
19. *Aha *! tace, obsecro **
20. *Hei * mihi! hei * mihi! isthaec * illum * perdidit attentatio.*
21. *Hercules, haec quidem exstant.*

22. *Ehem *! tune * eras hìc *?*
23. *Vae *! meum * fervens difficili bile tumet jecur.*
24. *Spero *, ecastor.*
25. *Verè, mehercules *! hoc * dicam.*
26. *Papae *! divitias tu quidem * habuisti * luculentas.*
27. *O * vir fortis * atque amicus!*
28. *Hui *! tardus * es.*
29. *Aedepol! haec * quidem * bellula * est.*
30. *Hominemne romanum tam * graecè * loqui! Non, medius fidius *! ipsas Athenas tam * Atticas dixerim.*
31. *Tantum *, proh * dolor! degeneramus à * parentibus nostris *!*
32. *Non, Pol *! homo quisquam * faciet impunè * animatus hoc, nisi * tu.*
33. *Proh * curia *! inversique mores *!*
34. *Hercle *! ille * quidem versutus * fuit.*
35. *Nec *, hercules *! quidquam * salubrius * fuit.*
36. *Eja *! haud * sic * licet.*
37. *Eheu *! quid * volui misero mihi *.*
38. *Hei *! perii miser *.*
39. *Ah *! volet, certò * scio *.*
40. *Eheu *! fugaces, Posthume *, Posthume, labuntur * anni.*

NOUVELLE MÉTHODE

D'ANALYSE LOGIQUE

ET

D'ANALYSE GRAMMATICALE.

Voici le principe unique sur lequel est fondée notre méthode d'analyse logique : étant donné un discours ou une partie quelconque d'un discours, retrouver toutes les propositions qui le composent, et les écrire selon l'ordre progressif de leur rapport, en restituant entre parenthèses toutes les propositions et tous les élémens de propositions que l'ellipse a supprimés, soit par la vivacité et l'empressement de l'imagination, soit par élégance ou par harmonie, soit enfin par toute autre cause.

L'autorité des plus savans philosophes, et la raison, d'accord avec eux, nous apprennent que le nombre des idées que réveille dans l'esprit du lecteur un groupe de mots, varie au point, que ce qui n'offre à tel individu que quelques idées, peut en présenter à un autre deux fois autant, et même davantage. Cela dérive non seulement du plus ou du moins de connaissance qu'on peut avoir des mots pris isolément, mais surtout de la perception des mots sous-entendus dans une période. Ces mots, le plus souvent, sont en bien plus grand nombre que les mots exprimés, et ceux-ci en reçoivent des modifications tout-à-fait imperceptibles, lorsqu'on ignore les mots qui sont sous-entendus. Il est donc de toute nécessité de restituer les mots que l'ellipse a supprimés, si l'on veut bien discerner les justes rapports que les parties d'une période ont entre elles, et dont le concert produit l'ensemble de chaque pensée particulière. Or, ce n'est que par notre analyse qu'on peut exécuter surement ce travail, non moins utile qu'il est scabreux par les écueils qu'il présente à chaque pas. C'est un instrument qui, entre des mains habiles, aplanit tous les obstacles que l'on rencontre sur son passage, mais qui, entre des mains inexpérimentées, creuserait des précipices sans fin.

L'analyse grammaticale, de la manière que nous l'envisageons, consiste principalement :

1° A déterminer la valeur et l'usage de chaque mot, ainsi que les modifications qu'il reçoit par sa liaison avec tel ou tel autre mot, dans la composition d'une phrase considérée comme faisant partie de la période à laquelle elle appartient;

2°. A désigner les véritables rapports qui existent entre tous les mots d'une expression;

3°. A faire remarquer la propriété unique de chacun des signes des différens rapports ou points de vue de l'esprit;

4°. A bien séparer les deux parties d'une expression, lorsque l'une d'elles est la cause de la détermination de l'autre;

5°. A faire voir comment chaque sens partiel s'adapte au sens total d'une période ;

6°. A distinguer les déterminations nécessaires de celles qui sont seulement accessoires ;

7°. Enfin, à démontrer que telle ou telle forme de construction, fondée sur tel ou tel principe de la grammaire générale, subit telle ou telle modification dans la langue particulière où elle est employée.

Pour bien faire cette analyse, soit en italien, soit en latin, ou en toute autre langue, il suffit d'avoir étudié sous un maître habile et zélé notre *Préparation à l'Étude de la langue latine.*

Quant à l'analyse logique, ce n'est que par un travail sérieux, toujours sous un bon maître qui se soit d'abord familiarisé avec notre méthode, que les élèves peuvent parvenir à en faire usage avec fruit. Voici l'indication de la marche à suivre dans ce travail :

MODÈLE D'ANALYSE LOGIQUE.

TEXTE A ANALYSER.

Odi profanum vulgus, et arceo.
Favete linguis. Carmina non prius
Audita, Musarum sacerdos,
Virginibus puerisque canto. HORACE, lib. III, ode I.

1re. PROPOSITION.

Sujet. (Ego) (*)

Attribut. Odi (*illud*) vulgus *profanum* (**),

2e. PROPOSITION.

S. Ego

A. Addo *huic* sententiae *meae unam* sententiam ✗ (***)

3e. PROPOSITION.

S. *Quae* sententia *addita*-HUIC-*sententiae*-MEAE

A. Est *haec* sententia *sequens* (****),

4e. PROPOSITION.

S. (Ego)

A. Arceo (*illud* vulgus *profanum*),

5e. PROPOSITION.

S. (Ego)

A. (Removens a me *illud* vulgus *profanum*).

6e. PROPOSITION.

S. (Ego)

A. (Loquor *aliquot* verba *directa-ad-vos*),

(*) Les mots entre parenthèses sont ceux que l'ellipse a supprimés.

(**) Les mots en caractères italiques sont ceux par lesquels le nom est déterminé.

(***) Le signe ✗ représente la partie déterminative à l'aide de laquelle le prépositif détermine le nom, toutes les fois que cette même partie est représentée par une proposition.

(****) Jusqu'à ce que l'élève soit parvenu à connaître les élémens dont chaque conjonction est composée, il les écrira toutes dans leur forme primitive, d'après le modèle ci-dessus, où l'on voit que la conjonction *et* est équivalente à deux propositions.

7e. PROPOSITION.

S. (*Qui* vos ·X·)
A. (Auditis me).

8e. PROPOSITION.

S. (Vos)
A. Favete (*istis*) linguis (*vestris*) :

9e. PROPOSITION.

S. (Ego)
A. (Ens (*) *unus*) sacerdos *musarum*,

10e. PROPOSITION.

S. (Ego)
A. Canto (*aliquot*) carmina *non-audita*-(*in*-ILLO-*tempore*-TRANSACTO)- PRIUS,

11e. PROPOSITION.

S. (Homo)
A. (Spectans ad *hoc* tempus *praesens*);

12e. PROPOSITION.

S. (Ego)
A. (Dirigens *haec* carmina *mea illis* feminis) *virginibus*.

13e. PROPOSITION.

S. (Ego)
A. Addo *huic* sententiae *meae unum* sententiam ·X·,

14e. PROPOSITION.

S. *Quae* sententia *addita*-HUIC-*sententiae*-MEAE
A. Est *haec* sententia *sequens*,

(*) Ce mot *ens*, étant, est l'ancien participe présent du verbe *esse*.

15e. PROPOSITION.

S. (Ego)

A. (Dirigens *haec* carmina *mea illis* auditoribus) *pueris*.

J'avoue qu'un pareil travail, quoique fondé sur un principe unique, aussi simple que la plus simple des vérités connues, offrira d'abord aux élèves de grandes difficultés ; je leur déclare même que d'abord ils verront se multiplier à chaque pas les obstacles et les doutes. Mais qu'ils ne se découragent pas, qu'ils aient toujours présens à leur pensée les résultats immenses que nous leur avons promis, et que notre expérience nous autorise à leur garantir.

Ce premier travail étant fini, les étudians feront l'analyse grammaticale, d'abord par écrit ; et après que ce second travail leur sera devenu assez familier, ils se borneront à le faire de vive voix, avec leur maître.

MODÈLE D'ANALYSE GRAMMATICALE.

1re. PROPOSITION.

Odi profanum vulgus.

Odi. Ce verbe est un verbe d'action ; il suppose donc le nom de l'être faisant l'action exprimée par ce même verbe ; ce mot, qui est sous-entendu, est *ego*, nom de la personne portant la parole en son propre nom.

Vulgus profanum. Ces mots représentent l'objet

du verbe ; mais puisqu'il ne peut pas y avoir de nom déterminé sans le prépositif, qui est le début et la base de la détermination qu'on énonce, il est évident que cet objet est elliptique, et que l'ellipse sous-entend le prépositif en question, qui est l'adjectif démonstratif *illud ; illud* vulgus *profanum*. Cet adjectif, exprimant une simple vue de l'esprit, une manière d'être de l'objet en question, relative à une circonstance accidentelle, est un adjectif métaphysique ; et cet adjectif détermine le mot *vulgus*, employé substantivement, avec le concours de l'adjectif *profanum*.

2e. PROPOSITION.

Et
Arceo.

Et, conjonction, équivalente aux deux propositions (2e. et 3e.) exposées dans l'analyse logique.

Arceo, verbe d'action dont le sujet et l'objet sont les mêmes que ceux de la proposition précédente : *ego arceo illud vulgus profanum*, termes sous-entendus ici par l'ellipse.

Le verbe *arceo*, outre l'idée primitive de l'action qu'il désigne, action qui suppose toujours la co-existence de deux termes, dont le premier est l'être agissant, et le second l'être souffrant : (*ego*) *arceo* (*illud vulgus profanum*), annonce aussi une idée de rémotion, qui est l'éloignement de l'objet du verbe, de tel ou tel terme. Ce terme n'est pas exprimé ici ; mais les circonstances nous font connaître aisément que ce ne peut être que celui qui serait représenté par les mots *à me*.

A me. Nous avons appris que la préposition ne fait qu'indiquer le second terme du rapport ; mais que c'est l'adjectif qui peut seul l'exprimer. Il est donc évident que la forme *à me*, qui indique le terme d'où l'objet en question est éloigné, suppose le verbe qui exprime cette idée d'éloignement ; ce verbe peut être *removens*. Nous avons donc : *removens à me*.

En considérant que le verbe *removeo* exprime une action, qu'il est par conséquent *un verbe d'action*, on est averti qu'il faut suppléer à l'ellipse qui sous entend le sujet et l'objet de ce même verbe ; et les accessoires nous font connaître que ces termes sont les mêmes que ceux des deux précédentes propositions : ce qui produit cet assemblage de mots qui compose la quatrième des propositions indiquées ci-dessus : *ego removens illud vulgus profanum à me*.

Ego, nom personnel, sujet, désignant la personne qui porte la parole en son propre nom.

Removens, participe présent du verbe d'action *removeo*, qui a pour objet l'expression *illud vulgus profanum*, où l'adjectif démonstratif *illud* détermine le mot *vulgus*, du genre neutre, employé substantivement, avec le concours de l'adjectif *profanum*.

A me. Cette forme résulte de la préposition *à*, destinée à indiquer le second terme du rapport d'éloignement, et du nom personnel *me*, complément de la préposition *à*, et au cas ablatif, parce que c'est à l'ablatif que doit être le complément de cette même préposition, dans sa triple forme *à* ou *ab* ou *abs*.

Les bornes dans lesquelles j'ai cru devoir me resserrer, ne me permettent pas d'en dire davantage sur cette matière; mais ce qui vient d'être dit peut suffire pour ceux qui s'exerceront à ce travail important sous un maît.e capable de les diriger.

PREMIER EXERCICE ANALYTIQUE (*).

Tullius Terentiae suae, et pater suavissimae filiae Tulliolae, Cicero matri et sorori, S. P. D.

Considerandum vobis etiam atque etiam, animae meae, diligenter, puto, quid faciatis; Romaene sitis, an mecum in aliquo tuto loco. Id non solum meum consilium est, sed etiam vestrum. Mihi veniunt in mentem haec: Romae vos esse tuto posse per Dolabellam, eamque rem posse nobis adjumento esse, si qua vis, aut si quae rapinae fieri coeperint. Sed rur-

---

(*) C'est après avoir fait l'analyse logique d'un exercice en entier, que l'élève doit en faire l'analyse grammaticale. On fera toujours la première partie de ce travail par écrit; quant à la seconde partie, c'est-à-dire à l'analyse grammaticale, dès que l'élève aura acquis un certain degré de force et de facilité, il pourra se borner à la faire de vive voix.

sus illud me movet, quod video omnes bonos abesse Roma, et eos mulieres suas secum habere. Haec autem regio in qua ego sum, nostrorum est quum oppidorum, tum etiam praediorum : ut et multum esse mecum, et, quum abieritis, commode et in nostris esse possitis. Mihi plane non satis constat adhuc utrum sit melius. Vos videte quid aliae faciant isto loco feminae; et ne, quum velitis, exire non liceat. Id velim diligenter etiam atque etiam vobiscum et cum amicis consideretis. Domus ut propugnacula et praesidium habeat, Philotimo dicetis. Et velim tabellarios instituatis certos, ut quotidie aliquas a vobis literas accipiam. Maxime autem date operam ut valeatis, si nos vultis valere.

SECOND EXERCICE ANALYTIQUE.

Tullius Terentiae, et pater Tulliolae, duabus animis suis, et Cicero matri optimae, suavissimae sorori, S. P. D.

Si vos valetis, nos valemus. Vestrum jam consilium est, non solum meum, quid sit vobis faciendum. Si ille Romam modeste venturus est, recte in praesentia domi esse potestis; sin homo amens diripiendam urbem daturus est, vereor ut Dolabella ipse satis nobis prodesse possit. Etiam illud metuo, ne jam intercludamur, ut, quum velitis exire, non liceat. Reliquum est, quod ipsae optime considerabitis, vestri similes feminae sintne Romae. Si enim non sunt, videndum est ut honeste vos esse possitis. Quomodo quidem nunc se res habet, modo ut haec nobis loca tenere liceat, bellissime vel mecum, vel in nostris praediis esse poteritis. Etiam illud verendum est, ne brevi tempore fames in urbe sit. His de rebus velim cum Pomponio, cum Camillo, cum quibus vobis videbitur, consideretis. Ad summam, animo forti sitis. Labienus rem meliorem fecit. Adjuvat etiam Piso, quod ab urbe discedit, et sceleris condemnat generum suum. Vos, meae carissimae animae, quam saepissime ad me scribite, et vos quid agatis, et quid istic agatur. Quintus pater, et filius, et Rufus vobis salutem dicunt. Valete.

TROISIÈME EXERCICE ANALYTIQUE.

M. T. C. Terentiae suae, S. P. D.

Omnes molestias et sollicitudines quibus et te miserrimam habui, id quod mihi molestissimum est, et Tulliolam, quae nobis nostra vita dulcior est, deposui et ejeci. Quid causae autem fuerit, postridie intellexi, quam a vobis discessi. *Cholen acraton* noctu ejeci. Statim ita sum levatus, ut mihi Deus aliquis medicinam fecisse videatur. Cui quidem tu Deo, quemadmodum soles, pie et caste satisfacias, id est, Apollini et Aesculapio. Navem spero nos valde bonam habere: in eam simul atque conscendi, haec scripsi. Deinde conscribam ad nostros familiares multas epistolas, quibus te et Tulliolam nostram diligentissime commendabo. Cohortarer vos quo animo fortiore essetis, nisi vos fortiores cognoscerem quam quemquam virum. Et tamen ejusmodi spero negotia esse, ut et vos istic commodissime sperem esse, et me aliquando cum similibus nostri rempublicam defensurum. Tu primum valetudinem tuam velim cures; deinde, tibi si videbitur, villis iis utere, quae longissime aberunt a militibus. Fundo Arpinati bene poteris uti cum familia urbana, si annona carior fuerit. Cicero bellissimus tibi salutem plurimam dicit. Etiam atque etiam vale.

QUATRIÈME EXERCICE ANALYTIQUE.

M. T. C. Terentiae et Tull. suis, S. P. D.

Si tu, et Tullia, lux nostra, valetis, ego et suavissimus Cicero valemus. Pridie idus octobres Athenas venimus, quum sane adversis ventis usi essemus, tardeque et incommode navigassemus. De nave exeuntibus nobis Acastus cum literis praesto fuit uno et vicesimo die, sane strenue. Accepi tuas literas quibus intellexi te vereri ne superiores mihi redditae non essent; diligentissimeque a te perscripta sunt omnia, idque mihi gratissimum fuit. Neque sum admiratus hanc epistolam quam Acastus attulit, brevem fuisse. Jam enim me ipsum exspectas, sive nos ipsos, qui quidem quam primum ad vos venire cupimus; etsi in quam rempublicam veniamus, intelligo.

Cognovi enim ex multorum amicorum literis, quas attulit Acastus, ad arma rem spectare ; ut mihi, quum venero, dissimulare non liceat quid sentiam. Sed quando subeunda fortuna est, eo citius dabimus operam ut veniamus, quo facilius de tota re deliberemus. Tu velim, quod commodo valetudinis tuae fiat, quam longissime poteris, obviam nobis properes. De hereditate Praecciana, quae quidem mihi magno dolori est, valde enim illum amavi, sed hoc velim cures : si auctio ante meum adventum fiet, ut Pomponius, aut, si is minus poterit, Camillus nostrum negotium curet. Nos, quum salvi venerimus, reliqua per nos agemus; sin tu jam Roma profecta eris, tamen curabis ut hoc ita fiat. Nos, si dii adjuvabunt, circiter idus novembres in Italia speramus fore. Vos, mea suavissima et optatissima Terentia et Tulliola, si nos amatis, curate ut valeatis.

CINQUIÈME EXERCICE ANALYTIQUE.

Tullius Terentiae suae, Tulliolae et Ciceroni suis, S. D.

Noli putare me ad quemquam longiores epistolas scribere, nisi si quis ad me plura scripsit, cui puto rescribi oportere. Nec enim habeo quod scribam, nec hoc tempore quidquam difficilius facio. Ad te vero et ad nostram Tulliolam non queo sine plurimis lacrymis scribere. Vos enim video esse miserrimas, quas ego beatissimas semper esse volui, idque praestare debui, et, nisi tam timidi fuissemus, praestitissem. Pisonem nostrum merito ejus amo plurimum. Eum, ut potui, per literas cohortatus sum, gratiasque egi, ut debui. In novis tribunis plebis intelligo spem te habere. Id erit firmum, si Pompeii voluntas erit; sed Crassum tamen metuo. A te quidem omnia fieri fortissime et amantissime video, nec miror; sed moereo casum ejusmodi, ut tantis tuis miseriis meae miseriae subleventur. Nam ad me P. Valerius, homo officiosus, scripsit, id quod ego maximo cum fletu legi, quemadmodum a Vestae ad tabulam Valeriam ducta esses. Hem, mea lux, meum desiderium, unde omnes opem petere solebant! te nunc, mea Terentia, sic vexari, sic jacere in lacrymis et sordibus! idque fieri mea culpa, qui ceteros servavi ut nos periremus! Quod de domo scribis, hoc est, de area, ego vero tum denique mihi videbor restitutus, si illa nobis erit restituta. Verum haec non sunt in nostra manu. Illud doleo, quae impensa facienda est, in ejus partem te miseram et despoliatam venire. Quod si conficitur negotium, omnia consequemur; sin eadem nos fortuna premet, etiamne reliquias tuas misera projicies? Obsecro te, mea vita, quod ad sumtum attinet, sine alios qui possunt, si modo volunt, sustinere; et valetudinem istam infirmam, si me amas, noli vexare. Nam mihi ante oculos dies noctesque versaris. Omnes labores te excipere video. Timeo ut sustineas, sed video in te esse omnia. Quare, ut id quod speras et quod agis consequamur, servi valetudini. Ego, ad quos scribam, nescio, nisi ad eos qui ad me scribunt, aut ad eos de quibus ad me vos aliquid scribitis. Longius, quoniam ita vobis placet, non discedam; sed velim quam saepissime literas mittatis, praesertim si quid est firmius quod speremus. Valete, mea desideria, valete.

SIXIÈME EXERCICE ANALYTIQUE.

(Énéide, livre 1.)

Ille ego qui quondam gracili modulatus avena
Carmen, et, egressus sylvis, vicina coegi
Ut quamvis avido parerent arva colono,
Gratum opus agricolis; at nunc horrentia Martis
Arma, virumque cano Trojae qui primus ab oris
Italiam, fato profugus, Lavinia venit
Litora. Multum ille et terris jactatus et alto
Vi superûm, saevae memorem Junonis ob iram.
Multa quoque et bello passus, dum conderet urbem,
Inferretque Deos Latio; genus unde Latinum,
Albanique patres, atque altae moenia Romae.

Musa, mihi causas memora, quo numine laeso,
Quidve dolens regina Deûm tot volvere casus
Insignem pietate virum, tot adire labores
Impulerit. Tantaene animis coelestibus irae!

Urbs antiqua fuit, Tyrii tenuere coloni,
Carthago, Italiam contra, Tiberinaque longe
Ostia, dives opum, studiisque asperrima belli,

Quam Juno fertur terris magis omnibus unam
Posthabitâ coluisse Samo.

SEPTIÈME EXERCICE ANALYTIQUE.

Hîc illius arma,
Hîc currus fuit; hoc regnum Dea gentibus esse,
Si qua fata sinant, jam tum tenditque fovetque.
Progeniem sed enim trojano a sanguine duci
Audierat, tyrias olim quae verteret arces;
Hinc populum late regem, belloque superbum,
Venturum excidio Libyae : sic volvere Parcas.

Id metuens, veterisque memor Saturnia belli,
Prima quod ad Trojam pro caris gesserat Argis;
Necdum etiam causae irarum, saevique dolores
Exciderant animo; manet alta mente repostum
Judicium Paridis, spretaeque injuria formae,
Et genus invisum, et rapti Ganymedis honores.
His accensa super, jactatos aequore toto
Troas, relliquias Danaûm atque immitis Achillei,
Arcebat longe Latio; multosque per annos
Errabant acti fatis maria omnia circum.
Tantae molis erat Romanam condere gentem!

HUITIÈME EXERCICE ANALYTIQUE.

Vix e conspectu siculae telluris in altum
Vela dabant laeti, et spumas salis aere ruebant,
Quum Juno, aeternum servans sub pectore vulnus,
Haec secum : mene incepto desistere victam?
Nec posse Italia Teucrorum avertere regem?
Quippe vetor fatis! Pallasne exurere classem
Argivûm, atque ipsos potuit submergere ponto,
Unius ob noxam et furias Ajacis Oilei?
Ipsa, Jovis rapidum jaculata e nubibus ignem,
Disjecitque rates, evertitque aequora ventis;
Illum exspirantem transfixo pectore flammas
Turbine corripuit, scopuloque infixit acuto.
Ast ego, quae Divûm incedo regina, Jovisque
Et soror et conjux, una cum gente tot annos
Bella gero! et quisquam numen Junonis adoret
Praeterea, aut supplex aris imponat honorem?

Talia flammato secum Dea corde volutans,
Nimborum in patriam, loca foeta furentibus austris,
Aeoliam venit. Hîc vasto rex Aeolus antro
Luctantes ventos, tempestatesque sonoras
Imperio premit, ac vinclis et carcere frenat.

NEUVIÈME EXERCICE ANALYTIQUE.

Illi indignantes, magno cum murmure montis,
Circum claustra fremunt. Celsa sedet Aeolus arce,

Sceptra tenens, mollitque animos, et temperat iras.
Ni faciat, maria et terras coelumque profundum
Quippe ferant rapidi secum, verrantque per auras.

Sed pater omnipotens speluncis abdidit atris,
Hoc metuens, molemque et montes insuper altos
Imposuit; regemque dedit, qui foedere certo
Et premere, et laxas sciret dare jussus habenas.

Ad quem tum Juno supplex his vocibus usa est:
Aeole, namque tibi Divûm pater atque hominum rex
Et mulcere dedit fluctus et tollere vento)
Gens inimica mihi Tyrrhenum navigat aequor,
Ilium in Italiam portans, victosque Penates.
Incute vim ventis, submersasque obrue puppes,
Aut age diversas, et disjice corpora ponto.
Sunt mihi bis septem praestanti corpore nymphae,
Quarum, quae forma pulcherrima, Deiopeiam
Connubio jungam stabili, propriamque dicabo,
Omnes ut tecum, meritis pro talibus, annos
Exigat, et pulchra faciat te prole parentem.

DIXIÈME EXERCICE ANALYTIQUE.

Aeolus haec contra: tuus, o Regina, quid optes
Explorare labor, mihi jussa capessere fas est.
Tu mihi quodcumque hoc regni, tu sceptra, Jovemque
Concilias; tu das epulis accumbere Divûm,
Nimborumque facis tempestatumque potentem.
Haec ubi dicta, cavum conversa cuspide montem

Impulit in latus ; ac venti, velut agmine facto,
Qua data porta ruunt, et terras turbine perflant.
Incubuere mari, totumque a sedibus imis
Una Eurusque, Notusque ruunt, creberque procellis
Africus, et vastos volvunt ad litora fluctus.
Insequitur clamorque virûm, stridorque rudentum.
Eripiunt subito nubes coelumque diemque
Teucrorum ex oculis ; ponto nox incubat atra.
Intonuêre poli, et crebris micat ignibus aether ;
Praesentemque viris intentant omnia mortem.

Extemplo Aeneae solvuntur frigore membra ;
Ingemit, et, duplices tendens ad sidera palmas,
Talia voce refert : O terque quaterque beati,
Queis ante ora patrum, Trojae sub moenibus altis,
Contigit oppetere! o Danaûm fortissime gentis
Tydide, mene Iliacis occumbere campis
Non potuisse, tuaque hanc animam effundere dextra
Saevus ubi Aeacidae telo jacet Hector, ubi ingens
Sarpedon, ubi tot Simoïs correpta sub undis
Scuta virûm, galeasque, et fortia corpora volvit !

ONZIÈME EXERCICE ANALYTIQUE.

Talia jactanti stridens Aquilone procella
Velum adversa ferit, fluctusque ad sidera tollit :
Franguntur remi : tum prora avertit, et undis
Dat latus ; insequitur cumulo praeruptus aquae mons.
Hi summo in fluctu pendent, his unda dehiscens

Terram inter fluctus aperit; furit aestus arenis.
Tres Notus abreptas in saxa latentia torquet;
Saxa vocant Itali mediis quae in fluctibus aras,
Dorsum immane mari summo. Tres Eurus ab alto
In brevia et Syrtes urget, miserabile visu!
Illiditque vadis, atque aggere cingit arenae.
Unam, quae Lycios fidumque vehebat Orontem,
Ipsius ante oculos ingens a vertice pontus
In puppim ferit : excutitur, pronusque magister
Volvitur in caput; ast illam ter fluctus ibidem
Torquet agens circum, et rapidus vorat aequore vortex.

Apparent rari nantes in gurgite vasto;
Arma virûm, tabulaeque, et Troïa gaza per undas.
Jam validam Ilionei navem, jam fortis Achatae,
Et qua vectus Abas, et qua grandaevus Alethes,
Vicit hiems; laxis laterum compagibus, omnes
Accipiunt inimicum imbrem, rimisque fatiscunt.

DOUZIÈME EXERCICE ANALYTIQUE.

Interea magno misceri murmure pontum,
Emissamque hiemem sensit Neptunus, et imis
Stagna refusa vadis; graviter commotus, et alto
Prospiciens, summa placidum caput extulit unda.
Disjectam Aeneae toto videt aequore classem,
Fluctibus oppressos Troas, coelique ruina.
Nec latuêre doli fratrem Junonis et irae.
Eurum ad se Zephyrumque vocat; dehinc talia fatur:

Tantane vos generis tenuit fiducia vestri?
Jam coelum terramque, meo sine numine, Venti,
Miscere, et tantas audetis tollere moles?
Quos ego .... Sed motos praestat componere fluctus.
Post mihi non simili poena commissa luetis.
Maturate fugam, regique haec dicite vestro:
Non illi imperium pelagi saevumque tridentem,
Sed mihi sorte datum; tenet ille immania saxa,
Vestras, Eure, domos; illa se jactet in aula
Aeolus, et clauso ventorum carcere regnet.

Sic ait, et dicto citius tumida aequora placat,
Collectasque fugat nubes, solemque reducit.
Cymothoë simul, et Triton adnixus, acuto
Detrudunt naves scopulo; levat ipse tridenti,
Et vastas aperit Syrtes, et temperat aequor,
Atque rotis summas levibus perlabitur undas.

TREIZIÈME EXERCICE ANALYTIQUE.

Ac veluti magno in populo quum saepe coorta est
Seditio, saevitque animis ignobile vulgus;
Jamque faces et saxa volant, furor arma ministrat;
Tum pietate gravem ac meritis si forte virum quem
Conspexere, silent, arrectisque auribus adstant;
Ille regit dictis animos, et pectora mulcet;
Sic cunctus pelagi cecidit fragor, aequora postquam
Prospiciens genitor, coeloque invectus aperto,
Flectit equos, curruque volans dat lora secundo.

Defessi Aeneadae quae proxima litora, cursu
Contendunt petere, et Libyae vertuntur ad oras.
Est in secessu longo locus; insula portum
Efficit objectu laterum, quibus omnis ab alto
Frangitur, inque sinus scindit sese unda reductos.
Hinc atque hinc vastae rupes, geminique minantur
In coelum scopuli, quorum sub vertice late
Aequora tuta silent; tum sylvis scena coruscis
Desuper, horrentique atrum nemus imminet umbra.
Fronte sub adversa scopulis pendentibus antrum;
Intus aquae dulces, vivoque sedilia saxo,
Nympharum domus; hîc fessas non vincula naves
Ulla tenent, unco non alligat anchora morsu.

QUATORZIÈME EXERCICE ANALYTIQUE.

Huc septem Aeneas collectis navibus omni
Ex numero subit, ac magno telluris amore
Egressi, optata potiuntur Troës arena,
Et sale tabentes artus in litore ponunt.
Ac primum silici scintillam excudit Achates,
Suscepitque ignem foliis, atque arida circum
Nutrimenta dedit, rapuitque in fomite flammam.
Tum cererem corruptam undis, cerealiaque arma
Expediunt fessi rerum; frugesque receptas
Et torrere parant flammis, et frangere saxo.

Aeneas scopulum interea conscendit, et omnem
Prospectum late pelago petit, Anthea si qua

Jactatum vento videat, Phrygiasque biremes,
Aut Capyn, aut celsis in puppibus arma Caïci.
Navem in conspectu nullam, tres litore cervos
Prospicit errantes; hos tota armenta sequuntur
A tergo, et longum per valles pascitur agmen.
Constitit hîc, arcumque manu celeresque sagittas
Corripuit, fidus quae tela gerebat Achates;
Ductoresque ipsos primum, capita alta ferentes
Cornibus arboreis, sternit; tum vulgus, et omnem
Miscet agens telis nemora inter frondea turbam.
Nec prius absistit quam septem ingentia victor
Corpora fundat humi, et numerum cum navibus aequet.
Hinc portum petit, et socios partitur in omnes.
Vina bonus quae deinde cadis onerârat Acestes
Littore Trinacrio, dederatque abeuntibus heros,
Dividit, et dictis moerentia pectora mulcet :

QUINZIÈME EXERCICE ANALYTIQUE.

O socii, neque enim ignari sumus ante malorum,
O passi graviora, dabit Deus his quoque finem.
Vos et Scyllaeam rabiem, penitusque sonantes
Accestis scopulos; vos et Cyclopea saxa
Experti; revocate animos, moestumque timorem
Mittite : forsan et haec olim meminisse juvabit.
Per varios casus, per tot discrimina rerum
Tendimus in Latium, sedes ubi fata quietas
Ostendunt; illic fas regna resurgere Trojae.
Durate, et vosmet rebus servate secundis.

Talia voce refert ; curisque ingentibus aeger,
Spem vultu simulat, premit altum corde dolorem.

Illi se praedae accingunt dapibusque futuris ;
Tergora deripiunt costis et viscera nudant.
Pars in frusta secant, verubusque trementia figunt ;
Litore ahena locant alii, flammasque ministrant.
Tum victu revocant vires ; fusique per herbam,
Implentur veteris bacchi pinguisque ferinae.

Postquam exempta fames epulis, mensaeque remotae,
Amissos longo socios sermone requirunt,
Spemque metumque inter dubii, seu vivere credant,
Sive extrema pati, nec jam exaudire vocatos.
Praecipue pius Aeneas nunc acris Orontei,
Nunc Amyci casum gemit, et crudelia secum
Fata Lyci, fortemque Gyan, fortemque Cloanthum.

SEIZIÈME EXERCICE ANALYTIQUE.

(Quinti Horatii Flacci Ars Poetica).

Humano capiti cervicem pictor equinam
Jungere si velit, et varias inducere plumas,
Undique collatis membris, ut turpiter atrum
Desinat in piscem mulier formosa superne,
Spectatum admissi risum teneatis, amici ?
Credite, Pisones, isti tabulae fore librum
Persimilem, cujus, velut aegri somnia, vanae
Fingentur species ; ut nec pes, nec caput uni

Reddatur formae. Pictoribus atque poetis
Quidlibet audendi semper fuit aequa potestas.
Scimus, et hanc veniam petimusque damusque vicissim;
Sed non ut placidis coëant immitia, non ut
Serpentes avibus geminentur, tigribus agni.
Inceptis gravibus plerumque et magna professis
Purpureus, late qui splendeat, unus et alter
Assuitur pannus; quum lucus et ara Dianae,
Et properantis aquae per amoenos ambitus agros,
Aut flumen Rhenum, aut pluvius describitur arcus.
Sed nunc non erat his locus. Et fortasse cupressum
Scis simulare; quid hoc, si fractis enatat exspes
Navibus, aere dato qui pingitur? Amphora coepit
Institui, currente rota cur urceus exit?
Denique sit quod vis simplex duntaxat et unum.

Maxima pars vatum, pater et juvenes patre digni,
Decipimur specie recti. Brevis esse laboro,
Obscurus fio; sectantem levia nervi
Deficiunt animique; professus grandia turget;
Serpit humi tutus nimium timidusque procellae.
Qui variare cupit rem prodigialiter unam,
Delphinum sylvis appingit, fluctibus aprum.
In vitium ducit culpae fuga, si caret arte.

DIX-SEPTIÈME EXERCICE ANALYTIQUE.

Aemilium circa ludum faber unus et ungues
Exprimet, et molles imitabitur aere capillos,
Infelix operis summa, quia ponere totum
Nesciet. Hunc ego me, si quid componere curem,
Non magis esse velim, quam naso vivere pravo,
Spectandum nigris oculis nigroque capillo.

Sumite materiam vestris, qui scribitis, aequam
Viribus, et versate diu quid ferre recusent.
Quid valeant humeri. Cui lecta potenter erit res,
Nec facundia deseret hunc, nec lucidus ordo.
Ordinis haec virtus erit et venus, aut ego fallor,
Ut jam nunc dicat jam nunc debentia dici,
Pleraque differat, et praesens in tempus omittat;
Hoc amet, hoc spernat promissi carminis auctor.
In verbis etiam tenuis cautusque serendis,
Dixeris egregie, notum si callida verbum
Reddiderit junctura novum. Si forte necesse est
Indiciis monstrare recentibus abdita rerum, et
Fingere cinctutis non exaudita Cethegis,
Continget, dabiturque licentia sumpta pudenter.
Et nova fictaque nuper habebunt verba fidem, si
Graeco fonte cadent, parce detorta. Quid autem
Caecilio Plautoque dabit Romanus, ademptum
Virgilio Varioque? Ego cur, acquirere pauca
Si possum, invideor, quum lingua Catonis et Ennî
Sermonem patrium ditaverit, et nova rerum

Nomina protulerit? Licuit, semperque licebit
Signatum praesente nota producere nomen.
Ut sylvae foliis pronos mutantur in annos,
Prima cadunt; ita verborum vetus interit aetas,
Et juvenum ritu florent modo nata, vigentque.

DIX HUITIÈME EXERCICE ANALYTIQUE.

Debemur morti nos nostraque, sive receptus
Terra Neptunus classes Aquilonibus arcet,
Regis opus; sterilisque diu palus, aptaque remis,
Vicinas urbes alit, et grave sentit aratrum;
Seu cursum mutavit iniquum frugibus amnis,
Doctus iter melius. Mortalia facta peribunt,
Nedum sermonum stet honos, et gratia vivax.
Multa renascentur quae jam cecidere, cadentque
Quae nunc sunt in honore vocabula, si volet usus',
Quem penes arbitrium est et jus et norma loquendi.

Res gestae regumque ducumque, et tristia bella,
Quo scribi possent numero, monstravit Homerus.
Versibus impariter junctis querimonia primum,
Post etiam inclusa est voti sententia compos.
Quis tamen exiguos elegos emiserit auctor,
Grammatici certant, et adhuc sub judice lis est.
Archilochum proprio rabies armavit iambo.
Hunc socci cepere pedem, grandesque cothurni,
Alternis aptum sermonibus, et populares
Vincentem strepitus, et natum rebus agendis.

Musa dedit fidibus Divos, puerosque Deorum,
Et pugilem victorem, et equum certamine primum,
Et juvenum curas, et libera vina referre.

Descriptas servare vices operumque colores,
Cur ego, si nequeo ignoroque, poeta salutor?
Cur nescire, pudens prave, quam discere malo?
Versibus exponi tragicis res comica non vult;
Indignatur item privatis, ac prope socco
Dignis carminibus narrari coena Thyestae.

DIX-NEUVIÈME EXERCICE ANALYTIQUE.

Singula quaeque locum teneant sortita decenter.
Interdum tamen et vocem comoedia tollit,
Iratusque Chremes tumido delitigat ore;
Et tragicus plerumque dolet sermone pedestri.
Telephus et Peleus, quum pauper et exsul, uterque
Projicit ampullas, et sesquipedalia verba,
Si curat cor spectantis tetigisse querela.

Non satis est pulchra esse poemata; dulcia sunto,
Et, quocumque volent, animum auditoris agunto.
Ut ridentibus arrident, ita flentibus adflent
Humani vultus. Si vis me flere, dolendum est
Primum ipsi tibi; tunc tua me infortunia laedent.
Telephe, vel Peleu, male si mandata loqueris,
Aut dormitabo, aut ridebo. Tristia moestum
Vultum verba decent; iratum, plena minarum;

Ludentem, lasciva; severum, seria dictu.
Format enim natura prius nos intus ad omnem
Fortunarum habitum; juvat, aut impellit ad iram,
Aut ad humum moerore gravi deducit, et angit;
Post effert animi motus interprete lingua.
Si dicentis erunt fortunis absona dicta,
Romani tollent equites peditesque cachinnum.
Intererit multum, Davusne loquatur, an heros;
Maturusne senex, an adhuc florente juventa
Fervidus, et matrona potens, an sedula nutrix,
Mercatorne vagus, cultorne virentis agelli,
Colchus an Assyrius; Thebis nutritus an Argis.

Aut famam sequere, aut sibi convenientia finge,
Scriptor. Honoratum si forte reponis Achillem;
Impiger, iracundus, inexorabilis, acer,
Jura neget sibi nata, nihil non arroget armis.
Sit Medea ferox invictaque, flebilis Ino,
Perfidus Ixion, Io vaga, tristis Orestes.

VINGTIÈME EXERCICE ANALYTIQUE.

Si quid inexpertum scenae committis, et audes
Personam formare novam, servetur ad imum
Qualis ab incepto processerit, et sibi constet.
Difficile est proprie communia dicere; tuque
Rectius Iliacum carmen deducis in actus,
Quam si proferres ignota indictaque primus.
Publica materies privati juris erit, si

Non circa vilem patulumque moraberis orbem ;
Nec verbum verbo curabis reddere, fidus
Interpres ; nec desilies imitator in arctum,
Unde pedem proferre pudor vetet, aut operis lex.
Nec sic incipies, ut scriptor cyclicus olim :
« Fortunam Priami cantabo, et nobile bellum. »
Quid dignum tanto feret hic promissor hiatu?
Parturient montes, nascetur ridiculus mus.
Quanto rectius hic, qui nil molitur inepte :
« Dic mihi, Musa, virum, captae post tempora Trojae,
» Qui mores hominum multorum vidit et urbes. »
Non fumum ex fulgore, sed ex fumo dare lucem
Cogitat, ut speciosa dehinc miracula promat,
Antiphaten, Scyllamque, et cum Cyclope Charybdim.
Nec reditum Diomedis ab interitu Meleagri,
Nec gemino bellum Trojanum orditur ab ovo.
Semper ad eventum festinat, et in medias res,
Non secus ac notas, auditorem rapit, et quae
Desperat tractata nitescere posse, relinquit.
Atque ita mentitur, sic veris falsa remiscet,
Primo ne medium, medio ne discrepet imum.

Tu, quid ego, et populus mecum desideret, audi.
Si plausoris eges aulaea manentis, et usque
Sessuri, donec cantor, « Vos plaudite, » dicat ;
Aetatis cujusque notandi sunt tibi mores,
Mobilibusque decor naturis dandus et annis.

VINGT-UNIÈME EXERCICE ANALYTIQUE.

Reddere qui voces jam scit puer, et pede certo
Signat humum, gestit paribus colludere, et iram
Colligit ac ponit temere, et mutatur in horas.
Imberbis juvenis, tandem custode remoto,
Gaudet equis, canibusque, et aprici gramine campi,
Cereus in vitium flecti, monitoribus asper,
Utilium tardus provisor, prodigus aeris,
Sublimis, cupidusque, et amata relinquere pernix.
Conversis studiis, aetas animusque virilis
Quaerit opes et amicitias, inservit honori,
Commisisse cavet, quod mox mutare laboret.
Multa senem circumveniunt incommoda, vel quod
Quaerit, et inventis miser abstinet, ac timet uti;
Vel quod res omnes timide gelideque ministrat;
Dilator, spe longus, iners, avidusque futuri,
Difficilis, querulus, laudator temporis acti
Se puero, castigator censorque minorum.
Multa ferunt anni venientes commoda secum,
Multa recedentes adimunt. Ne forte seniles
Mandentur juveni partes, pueroque viriles;
Semper in adjunctis aevoque morabimur aptis.

Aut agitur res in scenis, aut acta refertur.
Segnius irritant animos demissa per aurem,
Quam quae sunt oculis subjecta fidelibus, et quae
Ipse sibi tradit spectator. Non tamen intus
Digna geri, promes in scenam; multaque tolles

Ex oculis, quae mox narret facundia praesens.
Ne pueros coram populo Medea trucidet,
Aut humana palam coquat exta nefarius Atreus,
Aut in avem Progne vertatur, Cadmus in anguem.
Quodcunque ostendis mihi sic, incredulus odi.

VINGT-DEUXIÈME EXERCICE ANALYTIQUE.

Neve minor, neu sit quinto productior actu
Fabula, quae posci vult, et spectata reponi.
Nec Deus intersit, nisi dignus vindice nodus
Inciderit; neu quarta loqui persona laboret.
Actoris partes chorus officiumque virile
Defendat; neu quid medios intercinat actus,
Quod non proposito conducat et haereat apte.
Ille bonis faveatque et consilietur amice,
Et regat iratos, et amet pacare tumentes;
Ille dapes laudet mensae brevis; ille salubrem
Justitiam, legesque, et apertis otia portis;
Ille tegat commissa, Deosque precetur et oret,
Ut redeat miseris, abeat fortuna superbis.

Tibia non, ut nunc, orichalco vincta, tubaeque
Aemula, sed tenuis simplexque foramine pauco
Adspirare et adesse choris erat utilis, atque
Nondum spissa nimis complere sedilia flatu;
Quo sane populus numerabilis, utpote parvus,
Et frugi, castusque verecundusque coibat.
Postquam coepit agros extendere victor, et Urbem

Latior amplecti muros, vinoque diurno
Placari Genius festis impune diebus,
Accessit numerisque modisque licentia major.
Indoctus quid enim saperet, liberque laborum,
Rusticus urbano confusus, turpis honesto?
Sic priscae motumque et luxuriem addidit arti
Tibicen, traxitque vagus per pulpita vestem.
Sic etiam fidibus voces crevere severis,
Et tulit eloquium insolitum facundia praeceps,
Utiliumque sagax rerum, et divina futuri,
Sortilegis non discrepuit sententia Delphis.

VINGT-TROISIÈME EXERCICE ANALYTIQUE.

Carmine qui tragico vilem certavit ob hircum,
Mox etiam agrestes Satyros nudavit, et asper
Incolumi gravitate jocum tentavit, eo quod
Illecebris erat et grata novitate morandus
Spectator, functusque sacris, et potus, et exlex.
Verum ita risores, ita commendare dicaces
Conveniet Satyros, ita vertere seria ludo,
Ne quicunque Deus, quicunque adhibebitur heros,
Regali conspectus in auro nuper et ostro,
Migret in obscuras humili sermone tabernas,
Aut, dum vitat humum, nubes et inania captet.
Effutire leves indigna tragoedia versus,
Ut festis matrona moveri jussa diebus,
Intererit Satyris paulum pudibunda protervis.

Non ego inornata et dominantia nomina solum,
Verbaque, Pisones, Satyrorum scriptor amabo;
Nec sic enitar tragico differre colori,
Ut nihil intersit, Davusne loquatur, et audax
Pythias, emuncto lucrata Simone talentum,
An custos famulusque dei Silenus alumni.
Ex noto fictum carmen sequar, ut sibi quivis
Speret idem, sudet multum, frustraque laboret
Ausus idem. Tantum series juncturaque pollet;
Tantum de medio sumptis accedit honoris!
Sylvis deducti caveant, me judice, Fauni,
Ne, velut innati triviis ac paene forenses,
Aut nimium teneris juvenentur versibus unquam,
Aut immunda crepent ignominiosaque dicta.
Offenduntur enim, quibus est equus, et pater, et res;
Nec, si quid fricti ciceris probat et nucis emptor,
Aequis accipiunt animis, donantve corona.

VINGT-QUATRIÈME EXERCICE ANALYTIQUE.

Syllaba longa brevi subjecta vocatur iambus,
Pes citus; unde etiam trimetris accrescere jussit
Nomen iambeis, quum senos redderet ictus,
Primus ad extremum similis sibi. Non ita pridem,
Tardior ut paulo graviorque veniret ad aures,
Spondaeos stabiles in jura paterna recepit
Commodus et patiens; non ut de sede secunda
Cederet aut quarta socialiter. Hic et in Accî

Nobilibus trimetris apparet rarus, et Enni.
In scenam missus cum magno pondere versus,
Aut operae celeris nimium curaque carentis,
Aut ignoratae premit artis crimine turpi.

Non quivis videt immodulata poemata judex;
Et data Romanis venia est indigna poetis.
Idcircone vager, scribamque licenter? An omnes
Visuros peccata putem mea, tutus, et intra
Spem veniae cautus? Vitavi denique culpam,
Non laudem merui. Vos exemplaria Graeca
Nocturna versate manu, versate diurna.
At vestri proavi Plautinos et numeros et
Laudavere sales, nimium patienter utrumque,
Ne dicam stulte, mirati; si modo ego et vos
Scimus inurbanum lepido seponere dicto,
Legitimumque sonum digitis callemus et aure.

Ignotum tragicae genus invenisse Camoenae
Dicitur, et plaustris vexisse poemata Thespis,
Quae canerent agerentque peruncti faecibus ora.
Post hunc personae pallaeque repertor honestae
Aeschylus et modicis instravit pulpita tignis.
Et docuit magnumque loqui, nitique cothurno.
Successit vetus his comoedia, non sine multa
Laude; sed in vitium libertas excidit, et vim
Dignam lege regi. Lex est accepta, chorusque
Turpiter obticuit, sublato jure nocendi.

VINGT-CINQUIÈME EXERCICE ANALYTIQUE.

Nil intentatum nostri liquere poetae ;
Nec minimum meruere decus, vestigia Graeca
Ausi deserere, et celebrare domestica facta,
Vel qui praetextas, vel qui docuere togatas.
Nec virtute foret clarisve potentius armis,
Quam lingua, Latium, si non offenderet unum —
Quemque poetarum limae labor et mora. Vos, o
Pompilius sanguis, carmen reprehendite, quod non
Multa dies et multa litura coercuit, atque
Praesectum decies non castigavit ad unguem.

Ingenium misera quia fortunatius arte
Credit, et excludit sanos Helicone poetas
Democritus, bona pars non ungues ponere curat,
Non barbam ; secreta petit loca ; balnea vitat.
Nanciscetur enim pretium nomenque poetae,
Si tribus Anticyris caput insanabile nunquam
Tonsori Licino commiserit. O ego laevus,
Qui purgor bilem sub verni temporis horam !
Non alius faceret meliora poemata ; verum
Nil tanti est. Ergo fungar vice cotis, acutum
Reddere quae ferrum valet, exsors ipsa secandi.
Munus et officium, nil scribens ipse, docebo :
Unde parentur opes ; quid alat formetque poetam ;
Quid deceat, quid non ; quo virtus, quo ferat error.

Scribendi recte sapere est et principium et fons.
Rem tibi Socraticae poterunt ostendere chartae,

Verbaque provisam rem non invita sequentur.
Qui didicit patriae quid debeat, et quid amicis,
Quo sit amore parens, quo frater amandus et hospes,
Quod sit conscripti, quod judicis officium, quae
Partes in bellum missi ducis; ille profecto
Reddere personae scit convenientia cuique.
Respicere exemplar vitae morumque jubebo
Doctum imitatorem, et vivas hinc ducere voces.

VINGT-SIXIÈME EXERCICE ANALYTIQUE.

Interdum speciosa locis, morataque recte
Fabula, nullius veneris, sine pondere et arte,
Valdius oblectat populum meliusque moratur,
Quam versus inopes rerum, nugaeque canorae.
Graiis ingenium, Graiis dedit ore rotundo
Musa loqui, praeter laudem nullius avaris.
Romani pueri longis rationibus assem
Discunt in partes centum diducere. — Dicat
Filius Albini, si de quincunce remota est
Uncia, quid superat? — Poteras dixisse : Triens. — Eu!
Rem poteris servare tuam. Redit uncia, quid fit? —
Semis. — Ad haec, animos aerugo et cura peculi
Quum semel imbuerit, speremus carmina fingi
Posse linenda cedro, et laevi servanda cupresso?

Aut prodesse volunt aut delectare poetae,
Aut simul et jucunda et idonea dicere vitae.
Quidquid praecipies, esto brevis; ut cito dicta

Percipiant animi dociles, teneantque fideles.
Omne supervacuum pleno de pectore manat.
Ficta voluptatis causa sint proxima veris;
Nec, quodcunque volet, poscat sibi fabula credi,
Neu pransae Lamiae vivum puerum extrahat alvo:
Centuriae seniorum agitant expertia frugis;
Celsi praetereunt austera poemata Rhamnes.
Omne tulit punctum qui miscuit utile dulci,
Lectorem delectando, pariterque monendo.
Hic meret aera liber Sosiis, hic et mare transit,
Et longum noto scriptori prorogat aevum.

VINGT-SEPTIÈME EXERCICE ANALYTIQUE.

Sunt delicta tamen quibus ignovisse velimus.
Nam neque chorda sonum reddit quem vult manus et mens
Poscentique gravem persaepe remittit acutum;
Nec semper feriet quodcunque minabitur arcus.
Verum ubi plura nitent in carmine, non ego paucis
Offendar maculis, quas aut incuria fudit,
Aut humana parum cavit natura. Quid ergo est?
Ut scriptor si peccat idem librarius usque,
Quamvis est monitus, venia caret, et citharoedus
Ridetur, chorda qui semper oberrat eadem;
Sic mihi, qui multum cessat, fit Chœrilus ille,
Quem bis terve bonum cum risu miror, et idem
Indignor quandoque bonus dormitat Homerus.
Verum operi longo fas est obrepere somnum.

Ut pictura, poesis. Erit quae, si propius stes,
Te capiat magis; et quaedam, si longius abstes.
Haec amat obscurum, volet haec sub luce videri,
Judicis argutum quae non formidat acumen;
Haec placuit semel; haec decies repetita placebit.

O major juvenum, quamvis et voce paterna
Fingeris ad rectum, et per te sapis, hoc tibi dictum
Tolle memor; certis medium et tolerabile rebus
Recte concedi. Consultus juris et actor
Causarum mediocris abest virtute diserti
Messalae, nec scit quantum Cascellius Aulus;
Sed tamen in pretio est: mediocribus esse poetis
Non homines, non Dî, non concessere columnae.
Ut gratas inter mensas symphonia discors,
Et crassum unguentum, et Sardo cum melle papaver
Offendunt, poterat duci quia coena sine istis;
Sic animis natum inventumque poema juvandis,
Si paulum summo decessit, vergit ad imum.

VINGT-HUITIÈME EXERCICE ANALYTIQUE.

Ludere qui nescit, Campestribus abstinet armis,
Indoctusque pilae discive trochive quiescit,
Ne spissae risum tollant impune coronae;
Qui nescit, versus tamen audet fingere. — Quid ni?
Liber et ingenuus, praesertim census equestrem
Summam nummorum, vitioque remotus ab omni, —
Tu nihil invita dices faciesve Minerva;

Id tibi judicium est, ea mens. Si quid tamen olim
Scripseris, in Metî descendat judicis aures,
Et patris, et nostras, nonumque prematur in annum,
Membranis intus positis. Delere licebit
Quod non edideris; nescit vox missa reverti.

Sylvestres homines sacer interpresque Deorum
Caedibus et victu foedo deterruit Orpheus,
Dictus ob hoc lenire tigres rabidosque leones;
Dictus et Amphion Thebanae conditor arcis
Saxa movere sono testudinis, et prece blanda
Ducere quo vellet. Fuit haec sapientia quondam,
Publica privatis secernere, sacra profanis,
Concubitu prohibere vago, dare jura maritis,
Oppida moliri, leges incidere ligno:
Sic honor et nomen divinis vatibus atque
Carminibus venit. Post hos insignis Homerus,
Tyrtaeusque mares animos in Martia bella
Versibus exacuit; dictae per carmina sortes;
Et vitae monstrata via est; et gratia regum
Pieriis tentata modis, ludusque repertus,
Et longorum operum finis: ne forte pudori
Sit tibi Musa lyrae solers, et cantor Apollo.

VINGT-NEUVIÈME EXERCICE ANALYTIQUE.

Natura fieret laudabile carmen, an arte,
Quaesitum est. Ego nec studium sine divite vena,
Nec rude quid prosit video ingenium; alterius sic

Altera poscit opem res, et conjurat amice.
Qui studet optatam cursu contingere metam,
Multa tulit fecitque puer, sudavit et alsit,
Abstinuit Venere et vino. Qui Pythia cantat
Tibicen, didicit prius extimuitque magistrum.
Nunc satis est dixisse : « Ego mira poemata pango;
» Occupet extremum scabies; mihi turpe relinqui est,
» Et, quod non didici, sane nescire fateri. »

Ut praeco ad merces turbam qui cogit emendas,
Assentatores jubet ad lucrum ire poeta,
Dives agris, dives positis in fenore nummis.
Si vero est, unctum qui recte ponere possit,
Et spondere levi pro paupere, et eripere atris
Litibus implicitum; mirabor si sciet inter —
Noscere mendacem verumque beatus amicum.
Tu seu donaris, seu quid donare voles cui,
Nolito ad versus tibi factos ducere plenum
Laetitiae; clamabit enim : « Pulchre! bene! recte! »
Pallescet super his; etiam stillabit amicis
Ex oculis rorem; saliet, tundet pede terram.
Ut qui conducti plorant in funere, dicunt
Et faciunt prope plura dolentibus ex animo; sic
Derisor vero plus laudatore movetur.
Reges dicuntur multis urgere culullis,
Et torquere mero, quem perspexisse laborant,
An sit amicitia dignus; si carmina condes,
Numquam te fallant animi sub vulpe latentes.

TRENTIÈME EXERCICE ANALYTIQUE.

Quinctilio si quid recitares : « Corrige, sodes,
» Hoc, aiebat, et hoc. » Melius te posse negares
Bis terque expertum frustra? delere jubebat,
Et male tornatos incudi reddere versus.
Si defendere delictum, quam vertere, malles,
Nullum ultra verbum, aut operam sumebat inanem,
Quin sine rivali teque et tua solus amares.
Vir bonus et prudens versus reprehendet inertes,
Culpabit duros, incomptis allinet atrum
Transverso calamo signum, ambitiosa recidet
Ornamenta, parum claris lucem dare coget,
Arguet ambigue dictum, mutanda notabit;
Fiet Aristarchus; non dicet : « Cur ego amicum
» Offendam in nugis? » Hae nugae seria ducent
In mala derisum semel exceptumque sinistre.
Ut mala quem scabies aut morbus regius urget,
Aut fanaticus error et iracunda Diana,
Vesanum tetigisse timent fugiuntque poetam,
Qui sapiunt; agitant pueri, incautique sequuntur.
Hic, dum sublimis versus ructatur et errat,
Si veluti merulis intentus decidit auceps
In puteum foveamve, licet, « Succurrite, » longum
Clamet, « Io cives! » non sit qui tollere curet.
Si curet quis opem ferre, et demittere funem,
« Qui scis, an prudens huc se projecerit, atque
» Servari nolit? » dicam, Siculique poetae
Narrabo interitum : Deus immortalis haberi

Dum cupit Empedocles, ardentem frigdius Aetnam
Insiluit. Sit jus liceatque perire poetis.
Invitum qui servat, idem facit occidenti.
Nec semel hoc fecit; nec, si retractus erit, jam
Fiet homo, et ponet famosae mortis amorem.
Nec satis apparet, cur versus factitet; utrum
Minxerit in patrios cineres, an triste bidental
Moverit incestus : certe furit, ac, velut ursus
Objectos caveae valuit si frangere clathros,
Indoctum doctumque fugat recitator acerbus.
Quem vero arripuit, tenet, occiditque legendo,
Non missura cutem, nisi plena cruoris, hirudo.

TRENTE-UNIÈME EXERCICE ANALYTIQUE.

(Terentii *Andria*.)

ACTUS PRIMUS.

Scena 1.

SIMO, SOSIA, *et servi opsonia portantes.*

SIMO.

Vos istaec intro auferte; abite. Sosia,
Adesdum; paucis te volo.

SOSIA.

Dictum puta;
Nempe, ut curentur recte haec.

SIMO.

Imo aliud.

SOSIA.

Quid est,
Quod tibi mea ars efficere hoc possit amplius?

SIMO.

Nihil istac opus est arte ad hanc rem quam paro;
Sed iis, quas semper in te intellexi sitas,
Fide et taciturnitate.

SOSIA.

Exspecto quid velis.

SIMO.

Ego postquam te emi a parvulo, ut semper tibi
Apud me justa et clemens fuerit servitus
Scis; feci ex servo ut esses libertus mihi,
Propterea quod serviebas liberaliter.
Quod habui summum pretium, persolvi tibi.

SOSIA.

In memoria habeo.

SIMO.

Haud muto factum.

SOSIA.

Gaudeo,
Si tibi quid feci, aut facio, quod placeat, Simo, et
Id gratum fuisse advorsum te, habeo gratiam.
Sed mihi hoc molestum est; nam istaec commemoratio
Quasi exprobratio est immemoris beneficî.
Quin tu uno verbo dic quid est quod me velis?

SIMO.

Ita faciam. Hoc primum in hac re praedico tibi;
Quas credis esse has, non sunt verae nuptiae.

SOSIA.

Cur simulas igitur?

SIMO.

Rem omnem a principio audies.
Eo pacto et gnati vitam et consilium meum

Cognosces, et quid facere in hac re te velim.
Nam is postquam excessit ex ephebis, Sosia,
Liberius vivendi fuit potestas ; nam antea
Quì scire posses, aut ingenium noscere,
Dum aetas, metus, magister prohibebant?

SOSIA.

Ita est.

SIMO.

Quod plerique omnes faciunt adolescentuli,
Ut animum ad aliquod studium adjungant, aut equos
Alere, aut canes ad venandum, aut ad philosophos;
Horum ille nihil egregie praeter caetera
Studebat, et tamen omnia haec mediocriter.
Gaudebam.

SOSIA.

Non injuria; nam id arbitror
Adprime in vita esse utile, ut *ne quid nimis*.

TRENTE-DEUXIÈME EXERCICE ANALYTIQUE.

SIMO.

Sic vita erat : facile omnes perferre ac pati;
Cum quibus erat cunque una, his sese dedere;
Eorum obsequi studiis, advorsus nemini,
Nunquam praeponens se illis. Ita facillime
Sine invidia invenias laudem et amicos pares.

SOSIA.

Sapienter vitam instituit. Namque hoc tempore
Obsequium amicos, veritas odium parit.

SIMO.

Interea mulier quaedam abhinc triennium
Ex Andro commigravit huc viciniae,
Inopia et cognatorum negligentia
Coacta, egregia forma, atque aetate integra.

SOSIA.

Hei! vereor ne quid Andria adportet mali.

SIMO.

Primum haec pudice vitam, parce ac duriter
Agebat, lana ac tela victum quaeritans.
Sed, postquam amans accessit, pretium pollicens,
Unus et item alter, forte, ita ut fit, filium
Perduxere illuc secum, ut una esset, meum.
Egomet continuo mecum : certe captus est!
Habet! Observabam mane illorum servolos
Venientes aut abeuntes ; rogitabam : Heus, puer,
Dic sodes, quis heri Chrysidem adiit? Nam Andriae
Illi id erat nomen.

SOSIA.

Teneo.

—

TRENTE-TROISIÈME EXERCICE ANALYTIQUE.

SIMO.

Phaedrum, aut Cliniam
Dicebant. Eho, quid Pamphilus? Quid? symbolum
Dedit, coenavit. Gaudebam. Item alio die
Quaerebam : comperiebam nihil ad Pamphilum
Quidquam adtinere. Enimvero spectatum satis
Putabam, et magnum exemplum continentiae :
Nam qui cum ingeniis conflictatur ejusmodi,
Neque commovetur animus in ea re tamen,
Scias posse habere jam ipsum suae vitae modum.
Cum id mihi placebat, tum uno ore omnes omnia
Bona dicere, et laudare fortunas meas,
Qui gnatum haberem tali ingenio praeditum.
Quid verbis opus est? Hac fama impulsus Chremes
Ultro ad me venit, unicam gnatam suam
Cum dote summa filio uxorem ut daret.
Placuit, despondi. Hic nuptiis dictus est dies.

SOSIA.

Quid obstat cur non verae fiant?

SIMO.

Audies.
Fere in diebus paucis quibus haec acta sunt,
Chrysis vicina haec moritur.

SOSIA.

O factum bene!

Beasti; heu! metui a Chryside.

SIMO.

Ibi tum filius
Cum illis qui amabant Chrysidem una aderat frequens,
Curabat una funus; tristis interim,
Nonnunquam conlacrumabat. Placuit tum id mihi.
Sic cogitabam : hem! hic parvae consuetudinis
Causa, mortem hujus tam fert familiariter,
Quid, si ipse amasset? quid mihi hic faciet patri?
Haec ego putabam esse omnia humani ingenî
Mansuetique animi officia. Quid multis moror?
Egomet quoque ejus causa in funus prodeo,
Nihil suspicans etiam mali.

TRENTE-QUATRIÈME EXERCICE ANALYTIQUE.

SOSIA.

Hem, quid est?

SIMO.

Scies.

Effertur, imus. Interea, inter mulieres
Quae ibi aderant, forte adspicio unam adolescentulam,
Forma. . . .

SOSIA.

Bona fortasse?

SIMO.

Et voltu, Sosia,

Adeo modesto, adeo venusto, ut nihil supra.
Quia tum mihi lamentari praeter caeteras
Visa est, et quia erat forma praeter caeteras
Honesta et liberali, accedo ad pedisequas;
Quae sit rogo. Sororem esse aiunt Chrysidis.
Percussit ilico animum mî : at at! hoc illud est,
Hinc illae lacrymae, haec illa est misericordia.

SOSIA.

Quam timeo quorsum evadas!

SIMO.

Funus interim
Procedit; sequimur; ad sepulcrum venimus;
In ignem imposita est; fletur. Interea haec soror,
Quam dixi ad flammam accessit imprudentius,
Sati' cum periclo. Ibi tum exanimatus Pamphilus
Bene dissimulatum amorem et celatum indicat.
Accurrit; mediam mulierem complectitur :
Mea Glycerium, inquit, quid agis? Cur te is perditum?
Tum illa, ut consuetum facile amorem cerneres,
Rejecit se in eum, flens, quam familiariter.

SOSIA.

Quid ais?

SIMO.

Redeo inde iratus, atque aegre ferens,
Nec satis ad objurgandum causae. Diceret :
Quid feci? Quid commerui aut peccavi, pater?
Quae sese in ignem injicere voluit, prohibui,
Servavi. Honesta oratio est.

SOSIA.

Recte putas;
Nam, si illum objurges, vitae qui auxilium tulit,
Quid facias illi qui dederit damnum aut malum?

SIMO.

Venit Chremes postridie ad me, clamitans,
Indignum facinus! Comperisse Pamphilum
Pro uxore habere hanc peregrinam. Ego illud sedulo
Negare factum. Ille instat factum. Denique
Ita tum discedo ab illo, ut qui se filiam
Neget daturum.

TRENTE-CINQUIÈME EXERCICE ANALYTIQUE.

SOSIA.

Non tu ibi gnatum?

SIMO.

Ne haec quidem
Sati' vehemens causa ad objurgandum.

SOSIA.

Qui, cedo?

SIMO.

Tute ipse his rebus finem praescripsti, pater;
Prope adest, cum alieno more vivendum est mihi;
Sine nunc meo me vivere interea modo.

SOSIA.

Quis igitur relictus est objurgandi locus?

SIMO.

Si propter amorem uxorem nolit ducere,
Ea primum ab illo animadvertenda injuria est.
Et nunc id operam do, ut per falsas nuptias
Vera objurgandi causa sit, si deneget.
Simul sceleratus Davus si quid consilî
Habet, ut consumat nunc, cum nihil obsint doli:
Quem ego credo manibus pedibusque obnixe omnia
Facturum, magis id adeo, mihi ut incommodet,
Quam ut obsequatur gnato.

SOSIA.

Quapropter?

SIMO.

Rogas?
Mala mens, malus animus. Quem quidem ego si sensero...
Sed quid opu' st verbis? Sin eveniat, quod volo,
In Pamphilo ut nihil sit morae: restat Chremes,
Qui mihi exorandus est, et spero confore.
Nunc tuum est officium, has bene ut adsimules nuptias,
Perterrefacias Davum, observes filium,
Quid agat, quid cum illo consilî captet.

SOSIA.

Sat est.
Curabo. Eamus jam nunc intro.

SIMO.

I prae, sequor.

Scena 2.

SIMO.

Non dubium est, quin uxorem nolit filius;
Ita Davum modo timere sensi, ubi nuptias
Futuras esse audivit. Sed ipse exit foras.

TRENTE-SIXIÈME EXERCICE ANALYTIQUE.

Scena 3.

DAVUS, SIMO.

DAVUS.

Mirabar hoc si sic abiret, et heri semperlenitas
Verebar quorsum evaderet.
Qui postquam audierat non datum iri filio uxorem suo,
Nunquam cuiquam nostrûm verbum fecit, neque id aegre tulit.

SIMO.

At nunc faciet, neque id, ut opinor, sine tuo magno malo.

DAVUS.

Id voluit, nos sic nec opinantes duci falso gaudio,
Sperantes jam, amoto metu, interea oscitantes opprimi,
Ut ne esset spatium cogitandi ad disturbandas nuptias.
Astute!

SIMO.

Carnufex, quae loquitur!

DAVUS.

Herus est, neque praevideram.

SIMO.

Dave.

DAVUS.

Hem, quid est?

SIMO.

Ehodum ad me.

DAVUS.

Quid hic volt?

SIMO.

Quid ais?

DAVUS.

Qua de re?

SIMO.

Rogas?

Meum gnatum rumor est amare.

DAVUS.

Id populus curat scilicet!

SIMO.

Hoccine agis, an non?

DAVUS.

Ego vero istuc.

SIMO.

Sed nunc ea me exquirere
Iniqui patris est : nam quod antehac fecit, nihil ad me adtinet.
Dum tempus ad eam rem tulit, sivi animum ut expleret suum.
Nunc hic dies aliam vitam adfert, alios mores postulat.
Dehinc postulo, sive aequum est, te oro, Dave, ut redeat jam in viam.

DAVUS.

Hoc quid sit?

SIMO.

Omnes qui amant, graviter sibi dari uxorem ferunt.

DAVUS.

Ita aiunt.

SIMO.

Tum si quis magistrum cepit ad eam rem improbum,
Ipsum animum aegrotum ad deteriorem partem plerumque adplicat.

DAVUS.

Non, hercle, intelligo.

SIMO.

Non? hem!

DAVUS.

Non. Davus sum, non Oedipus.

SIMO.

Nempe ergo aperte vis quae restant me loqui?

DAVUS.

Sane quidem.

SIMO.

Si sensero hodie quidquam in his te nuptiis
Fallaciae conari, quo fiant minus,
Aut velle in ea re ostendi quam sis callidus,
Verberibus caesum te, Dave, in pistrinum dedam usque ad necem,
Ea lege atque omine, ut, si te inde exemerim, ego pro te molam.
Quid? hoc intellextin? an nondum etiam ne hoc quidem?

DAVUS.

Imo callide;
Ita aperte ipsam rem modo locutus, nihil circuitione usus es.

SIMO.

Ubivis facilius passus sim, quam in hac re, me deludier.

DAVUS.

Bona verba, quaeso.

SIMO.

Irrides? nihil me fallis. Sed hoc dico tibi,
Ne temere facias; neque tu hoc dicas, tibi non praedictum. Cave.

TRENTE-SEPTIÈME EXERCICE ANALYTIQUE.

Scena 4.

DAVUS.

Enimvero, Dave, nihil loci est segnitiae neque socordiae,
Quantum intellexi modo senis sententiam de nuptiis.
Quae si non astu providentur, me aut herum pessumdabunt.
Nec quid agam, certum est; Pamphilumne adjutem, an auscultem seni.
Si illum relinquo, ejus vitae timeo; sin opitulor, hujus minas,
Cui verba dare difficile est. Primum jam de amore hoc comperit;
Me infensus servat, ne quam faciam in nuptiis fallaciam.
Si senserit, perii; aut, si lubitum fuerit, causam ceperit
Quo jure, quaque injuria, praecipitem me in pistrinum dabit.
Conveniam Pamphilum, ne de hac re pater imprudentem opprimat.

Scena 5.

PAMPHILUS, MYSIS.

PAMPHILUS.

Hoccine est humanum factum aut inceptum? Hoccine est officium patris?

MYSIS.

Quid est?

PAMPHILUS.

Proh deum atque hominum fidem, quid est si haec non contumelia est?
Uxorem decrerat dare sese mihi hodie; nonne oportuit
Praescisse me ante? Nonne prius communicatum oportuit?

MYSIS.

Miseram me! quod verbum audio?

PAMPHILUS.

Quid Chremes? Qui denegaverat
Se commissurum mihi gnatam suam uxorem? Mutavit id,
Quoniam me immutatum videt.
Itane obstinate operam dat, ut me a Glycerio miserum abstrahat?
Quod si fit, pereo funditus.
Adeon' hominem invenustum esse, aut infelicem quemquam ut ego sum?
Proh Deûm atque hominum! nullon' ego
Chremetis pacto affinitatem effugere potero? Quot modis
Contemptus, spretus? facta, transacta omnia. Hem!
Repudiatus, repetor. Quamobrem? nisi si id est quod suspicor,
Aliquid monstri alunt; nunc ea quoniam nemini obtrudi potest,
Itur ad me

MYSIS.

Oratio haec me miseram quanto exanimavit metu!

TRENTE-HUITIÈME EXERCICE ANALYTIQUE.

PAMPHILUS.

Nam quid ego dicam de patre? Ah!
Tantamne rem tam negligenter agere? Praeteriens modo
Mihi apud forum, uxor tibi ducenda est, Pamphile, hodie, inquit: para;
Abi domum. Id mihi visus est dicere, abi cito et suspende te.
Obstupui; censen' ullum me verbum potuisse proloqui?
Aut ullam causam, ineptam saltem, falsam, iniquam? Obmutui.
Quod si ego rescissem id prius..... Quid facerem, si quis nunc me roget:
Aliquid facerem ut hoc ne facerem. Sed nunc primum quid exsequar?
Tot impediunt me curae, quae meum animum divorsae trahunt;
Amor, hujus misericordia, nuptiarum solicitatio,
Tum patris pudor, qui me tam leni passus est animo usque adhuc,
Quae meo cumque animo lubitum est facere; eine ego ut advorser? Hei mihi!
Incertum est quid agam.

MYSIS.

Misera timeo, hoc incertum quorsum accidat.
Sed nunc peropu' st, aut hunc cum ipsa, aut me aliquid de illa advorsum hunc loqui.

Dum in dubio est animus, paulo momento huc illuc impellitur.

PAMPHILUS.

Quis hic loquitur? Mysis, salve.

MYSIS.

O salve, Pamphile.

PAMPHILUS.

Quid agit?

MYSIS.

Rogas?
Tibi in hunc diem sunt constitutae nuptiae; tum autem hoc timet,
Ne deseras se.

PAMPHILUS.

Hem, egone istuc conari queam?
Ego propter me illam decipi miseram sinam?
Quae mihi suum animum atque omnem vitam credidit?
Quam ego animo egregie caram pro uxore habuerim;
Bene et pudice ejus doctum atque eductum sinam,
Coactum egestate, ingenium immutarier?
Non faciam.

MYSIS.

Haud vereor, si in te solo sit situm;
Sed vim ut queas ferre.

PAMPHILUS.

Adeon' me ignavum putas?
Adeon' porro ingratum, aut inhumanum, aut ferum,

Ut neque me consuetudo, neque amor, neque pudor
Commoveat, neque commoneat, ut servem fidem?

MYSIS.

Unum hoc scio, hanc meritam esse ut memor esses suî.

TRENTE-NEUVIÈME EXERCICE ANALYTIQUE.

PAMPHILUS.

Memor essem? o Mysis, Mysis, etiam nunc mihi
Scripta illa dicta sunt in animo Chrysidis
De Glycerio. Jam ferme moriens me vocat.
Accessi; vos semotae, nos soli; incipit:
Mi Pamphile, hujus formam atque aetatem vides;
Nec clam te est, quam illi utraeque res nunc inutiles
Et ad pudicitiam, et ad tuendam rem sient.
Quod ego te per hanc dexteram oro, et ingenium tuum,
Per tuam fidem, perque hujus solitudinem
Te obtestor, ne abs te hanc segreges, neu deseras.
Si te in germani fratris dilexi loco,
Sive haec te solum semper fecit maxumi,
Seu tibi morigera fuit in rebus omnibus,
Te isti virum do, amicum, tutorem, patrem;
Bona nostra haec tibi permitto, et tuae mando fidei.
Hanc mî in manum dat; mors continuo ipsam occupat.
Accepi, acceptam servabo.

MYSIS.

Ita spero quidem.

QUARANTIEME EXERCICE ANALYTIQUE.

ACTUS SECUNDUS.

Scena 1.

CHARINUS, *amator* PHILUMENAE; BYRRHIA, *servus* CHARINI; PAMPHILUS.

CHARINUS.

Quid ais, Byrrhia? datur, datur illa Pamphilo hodie nuptum

BYRRHIA.

Ita est.

CHARINUS.

Quî scis?

BYRRHIA.

Apud forum modo de Davo audii.

CHARINUS.

Vae misero mihi!
Ut animus in spe, atque in timore usque antehac attentus fuit;
Ita, postquam adempta spes est, lassus, curâ confectus stupet.

BYRRHIA.

Quaeso, aedepol, Charine, quoniam non fieri quod vis potest,
Id velis quod possit.

CHARINUS.

Nihil aliud, nisi Philumenam, volo.

BYRRHIA.

Ah! quanto satius est, id operam te dare,
Istum quî amorem ex animo dimoveas tuo!

CHARINUS.

Facile omnes, cum valemus, recta consilia aegrotis damus.
Tu si hic sis, aliter sentias.

BYRRHIA.

Age, age, ut lubet.

Scena 2.

CHARINUS, PAMPHILUS, BYRRHIA.

CHARINUS.

Sed Pamphilum
Video. Omnia experiri certum est, prius quam pereo.

BYRRHIA.

Quid hic agit?

CHARINUS.

Ipsum hunc orabo, huic supplicabo, amorem huic narrabo meum.
Credo, impetrabo ut aliquot saltem nuptiis prodat dies.
Interea fiet aliquid, spero.

BYRRHIA.

Id aliquid nihil est.

CHARINUS.

Byrrhia,
Quid tibi videtur? Adeon' ad eum?

BYRRHIA.

En ipse adest.

PAMPHILUS.

Charinum video. Salve.

CHARINUS.

O salve, Pamphile,
Ad te advenio, spem, salutem, auxilium, consilium expetens.

PAMPHILUS.

Neque, Pol, consilî locum habeo, neque auxilî copiam
Sed istuc quidnam est?

CHARINUS.

Hodie uxorem ducis?

PAMPHILUS.

Aiunt.

CHARINUS.

Pamphile,
Si id facis, hodie postremum me vides.

PAMPHILUS.

Quid ita?

CHARINUS.

Hei mihi!

Vereor dicere ; huic dic, quaeso, Byrrhia.

BYRRHIA.

Ego dicam.

PAMPHILUS.

Quid est?

BYRRHIA.

Sponsam hic tuam amat.

PAMPHILUS.

Nae, iste haud mecum sentit. Ehodum dic mihi :

Nunquidnam amplius tibi cum illa fuit, Charine?

CHARINUS.

Ah! Pamphile,

Nil.

PAMPHILUS.

Quam vellem!

CHARINUS.

Nunc te per amicitiam, et per amorem obsecro,

Principio, ut ne ducas.

PAMPHILUS.

Dabo equidem operam.

CHARINUS.

At si id non potes,

Aut tibi nuptiae hae sunt cordi.....

PAMPHILUS.

Cordi?

CHARINUS.

Saltem aliquot dies
Profer, dum proficiscor aliquo, ne videam.

PAMPHILUS.

Audi nunc jam
Ego, Charine, neutiquam officium liberi esse hominis puto
Cum is nil promereat, postulare id gratiae apponi sibi.
Nuptias effugere ego istas malo, quam tu adispiscier.

CHARINUS.

Reddidisti animum.

PAMPHILUS.

Nunc, si quid potes, aut tu, aut hic Byrrhia
Facite, fingite, invenite, efficite quî detur tibi,
Ego id agam, mihi quî ne detur.

CHARINUS.

Sat habeo.

PAMPHILUS.

Davum optime
Video; hujus consilio fretu' sum.

CHARINUS.

At tu, hercle, haud quidquam
mihi,

Nisi ea quae nihil opus sunt scire. Fugin' hinc?

BYRRHIA.

Ego vero, ac lubens

QUARANTE-UNIÈME EXERCICE ANALYTIQUE.

(Les dix exercices qui suivent se composent de la 1re. scène de l'*Amphitryon* de Plaute.)

ACTUS PRIMUS.

Scena 1.

SOSIA, MERCURIUS.

SOSIA.

Qui me alter est audacior homo? Aut qui me confidentior?
Juventutis mores qui sciam, qui hoc noctis solus ambulem?
Quid faciam nunc, si Tresviri me in carcerem compegerint?
Inde quasi e promptuaria cella depromar ad flagrum?
Nec caussam liceat dicere mihi, neque in hero quicquam auxilî siet?
Nec quisquam sit, quin me omnes esse dignum deputent: ita
Quasi incudem me miserum homines octo validi caedant:

Peregre adveniens hospitio publicitus accipiar?
Haec heri immodestia coegit, me qui hoc

Noctis a portu ingratis excitavit.
Nonne idem hoc luci me mittere potuit?
Opulento homini hoc magis servitus dura est,
Hoc magis miser est divitis servos,
Noctesque diesque assiduo satis superque est,
Quo facto aut dicto adest opus, quietus ne sis.
Ipse dominus dives, operis et laboris expers,
Quodcunque homini accidit libere, posse retur,
Aequom esse putat, non reputat laboris quid sit,
Nec, aequom anne iniquom imperet, cogitabit.
Ergo in servitute expetunt multa iniqua;
Habendum et ferendum hoc onus est cum labore.

MERCURIUS.

Satius est me queri illo modo servitutem hodie,
Qui fuerim liber, eum nunc potivit pater
Servitutis; hic, qui verna natus est, queritur.
Sum vero verna verbo.

SOSIA.

Numero mihi in mentem fuit,
Dîs advenientem gratias pro meritis agere, atque alloqui.
Nae illi aedepol, si merito meo referre studeant gratias,
Aliquem hominem adlegent, qui mî advenienti os occille probe;
Quoniam bene quae in me fecerunt, ingrata ea habui atqu irrita.

QUARANTE-DEUXIÈME EXERCICE ANALYTIQUE.

MERCURIUS.

Facit ille quod volgo haud solent, ut, quid se sit dignum sciat.

SOSIA.

Quod nunquam opinatus fui, neque alius quisquam civium
Sibi eventurum, id contigit, ut salvi potiremur domum
Victores; victis hostibus, legiones reveniunt domum,
Duello extincto maximo atque internecatis hostibus,
Qui multa Thebano populo acerba objecerunt funera.
Id vi et virtute militum victum atque expugnatum oppidum est,
Imperio atque auspicio heri mei Amphitruonis maxume.
Praeda atque agro adoreaque affecit populares suos,
Regique Thebano Creonti regnum stabilivit suum.
Me a portu praemisit domum ut haec nuntiem uxori suae;
Ut gesserit rempublicam ductu, imperio, auspicio suo.
Ea nunc meditabor quo modo illi dicam, quum illo advenero.
Si dixero mendacium, solens meo more fecero.
Nam quom illi pugnabant maxume, ego tum fugiebam maxume.
Verumtamen, quasi affuerim, similabo atque audita eloquar.
Sed quo modo et verbis quibus me deceat fabularier,
Prius ipse mecum etiam volo hic meditari; sic hoc proloquar
Principio ut illo advenimus, ubi primum terram tetigimus,
Continuo Amphitruo delegit viros primorum principes;
Eos legat; Telebois jubet sententiam ut dicant suam.

Si sine vi et sine bello velint rapta et raptores tradere ;
Si quae asportassent, redderent; se exercitum extemplo domum
Reducturum, abituros agro Argivos, pacem atque otium
Dare illis. Sin aliter sient animati, neque dent quae petat,
Sese igitur summa vi virisque eorum oppidum expugnassere.

Haec ubi Telebois ordine iterarunt quos praefecerat
Amphitruo, magnanimi viri, freti virtute et viribus
Superbi, nimis ferociter legatos nostros increpant.
Respondent, bello et se et suos tutari posse; proinde uti
Propere de finibus suis exercitum deducerent.

QUARANTE-TROISIÈME EXERCICE ANALYTIQUE.

Haec ubi legati pertulere, Amphitruo castris illico
Producit omnem exercitum ; contra Teleboae ex oppido
Legiones educunt suas, nimis pulcris armis praeditas.
Postquam utrimque exitu' est maxuma copia,
Dispertiti viri, dispertiti ordines ;
Nos nostras more nostro et modo instruximus
Legiones ; item hostes contra legiones suas instruunt.
Deinde utrique imperatores in medium exeunt
Extra turbam ordinum, colloquuntur simul.
Convenit, victi utri sint eo praelio,
Urbem, agrum, aras, focos, seque uti dederent.
Postquam id actu' st, tubae utrimque canunt : contra
Consonat terra ; clamorem utrimque efferunt.

Imperator utrimque hinc et illinc Jovi
Vota suscipere, hortari exercitum;
Pro se quisque, id quod quisque potest et valet,
Edit; ferro ferit; tela frangunt; boat
Coelum fremitu virûm; ex spiratu atque anhelitu
Nebula constat; cadunt volneris vi et virium.
Denique, ut voluimus, nostra superat manus;
Hostes crebri cadunt; nostri contra ingruunt.
Vicimus vi feroces.
Sed fugam in se tamen nemo convortitur,
Nec recedit loco, quin statim rem gerat.
Animam amittunt priusquam loco demigrent.
Quisque, uti steterat, jacet obtinetque ordinem.
Hoc ubi Amphitruo herus conspicatus est meus,
Illico equites jubet dextera inducere.
Equites parent citi: ab dextera maxumo
Cum clamore involant, impetu alacri
Foedant et proterunt hostium copias jure injustas.

QUARANTE-QUATRIÈME EXERCICE ANALYTIQUE.

MERCURIUS.

Nunquam etiam quicquam adhuc verborum est prolocutus perperam.
Namque ego fui illic in re praesenti, et meus, quom pugnatu'
'st, pater.

SOSIA.

Perduelles penetrant se in fugam; ibi nostris animus est additus;

Vortentibus Telebois, telis complebantur corpora ;
Ipsusque Amphitruo regem Pterelam sua obtruncavit manu
Haec illic est pugnata pugna ab usque mane ad vesperum.
Hoc adeo hoc commemini magis, quia illo die impransus fui
Sed praelium id tandem diremit nox interventu suo.
Postridie in castra ex urbe ad nos veniunt flentes principes
Velatis manibus orant, ignoscamus peccatum suum ;
Deduntque se, divina humanaque omnia, urbem et liberos,
In ditionem atque arbitratum, cuncti, Thebano poplo.
Post ob virtutem hero Amphitruoni patera donata aurea est
Qui Pterela potitare rex solitus est. Haec sic dicam herae.
Nunc pergam heri imperium exsequi, et me domum capessere.

MERCURIUS.

At, at, illic huc ituru 'st, ibo ego illi obviam.
Neque ego hunc hominem hodie ad aedis has sinam unquam accedere ;
Quando imago est hujus in me, certu 'est hominem eludere ;
Et enimuero, quoniam formam cepi hujus in me et statum,
Decet et facta moresque hujus habere me similes item.
Itaque me malum esse oportet, callidum, astutum admodum,
Atque hunc, telo suo sibi, malitia a foribus pellere.
Sed quid illuc est ? Coelum adspectat ; observabo quam rem agat.

SOSIA.

Certe, aedepol, scio, si quicquam 'st quod credam, aut certo sciam ;

Credo ego hac noctu Nocturnum obdormisse ebrium.
Nam neque se septemtriones quoquam in coelo commovent,
Neque se Luna quoquam mutat, atque uti exorta est semel.
Nec Jugulae, neque Vesperugo, neque Vergiliae occidunt.
Ita statim stant signa, neque nox quoquam concedit die.

QUARANTE CINQUIÈME EXERCICE ANALYTIQUE.

MERCURIUS.

Perge, nox, ut occoepisti; gere patri morem meo.
Optume optumo optumam operam das, datam pulchre locas.

SOSIA.

Neque ego hac nocte longiorem me vidisse censeo;
Nisi item unam, verberatus quam pependi perpetem.
Eam quoque, aedepol, etiam multo haec vicit longitudine.
Credo, aedepol, equidem dormire Solem, atque adpotum probe.
Mira sunt, nisi invitavit sese in coena plusculum.

MERCURIUS.

Ain' vero, verbero? Deos esse tui similes putas?
Ego, pol, te istis tuis pro dictis et malefactis, furcifer,
Accipiam, modo sis veni huc, invenies infortunium.

SOSIA.

Ibo, ut, herus quod imperavit, Alcumenae nuntiem.

Sed quis est hic homo, quem ante aedeis video hoc noctis? non placet.

MERCURIUS.

Nullus est hoc meticulosus aeque.

SOSIA.

Quom in mentem venit,
Illic hoc homo denuo volt pallium detexere.

MERCURIUS.

Timet homo ; deludam ego illum.

SOSIA.

Perii, dentes pruriunt.
Certe advenientem hic me hospitio pugnae accepturus est.
Credo misericors est, nunc propterea quod me meus herus
Fecit ut vigilarem, hic pugnis faciet hodie ut dormiam.
Oppido interii ; obsecro hercle quantus et quam validus est!

MERCURIUS.

Clare advorsum fabulabor, hic auscultet quae loquar.
Igitur magis modum in majorem in sese concipiet metum.
Agite, pugni, jam diu' st quod ventri victum non datis ;
Jam pridem videtur factum, heri quod homines quatuor
In soporem collocastis nudos.

SOSIA.

Formido male,
Ne ego hic nomen commutem meum, et Quintus fiam e Sosia.
Quatuor viros sopori se dedisse hic autumat ;
Metuo ne numerum augeam illum.

QUARANTE-SIXIÈME EXERCICE ANALYTIQUE.

MERCURIUS.

Hem! nunc jam ergo sic volo.

SOSIA.

Cingitur, certe expedit se.

MERCURIUS.

Non feret quin vapulet.

SOSIA.

Quis homo?

MERCURIUS.

Quis quishomo huc profecto venerit, pugnos edet.

SOSIA.

Apage, non placet me hoc nocti esse; coenavi modo;
Proin tu istam coenam largire, si sapis, esurientibus.

MERCURIUS.

Haud malum huic est pondus pugno.

SOSIA.

Perii; pugnos ponderat.

MERCURIUS.

Quid si ego illum tractim tangam ut dormiat?

SOSIA.

Servaveris.

Nam continuas has tres noctes pervigilavi.

MERCURIUS.

Pessumum est

Facinus : nequiter ferire malam male discit manus.
Alia forma oportet esse quem tu pugno legeris.

SOSIA.

Illic homo me interpolabit, meumque os finget denuo.

MERCURIUS.

Exossatum os esse oportet, quem probe percusseris.

SOSIA.

Mirum nisi hic me quasi muraenam exossare cogitat.
Ultro istinc qui exossat homines. Perii, si me adspexerit.

MERCURIUS.

Olet homo quidam malo suo.

SOSIA.

Hei! numnam ego obolui?

MERCURIUS.

Atque haud longe abesse oportet.

SOSIA.

Verum longe hinc abfuit.

Illic homo superstitiosus est.

MERCURIUS.

Gestiunt pugni mihi.

SOSIA.

Si in me exerciturus, quaeso in parietem ut primum domes.

MERCURIUS.

Vox mihi ad aures advolavit.

SOSIA.

Nae ego homo infelix fui,

Qui non alas intervelli; volucrem vocem gestito.

MERCURIUS.

Illic homo a me sibi malam rem arcessit jumento suo.

SOSIA.

Non equidem ullum habeo jumentum.

MERCURIUS.

Onerandus est pugnis probe.

SOSIA.

Lassus sum, hercle, e navi, ut vectus huc sum ; etiam nunc nauseo.
Vix incedo inanis; ne ire posse cum onere existumes.

MERCURIUS.

Certe enim hic nescio quis loquitur.

SOSIA.

Salvos sum? non me videt.
Nescio quem lòqui autumat; mihi certe nomen Sosia est.

MERCURIUS.

Hinc enim mihi dextera vox auris, ut videtur, verberat.

SOSIA.

Metuo vocis ne vice hodie hic vapulem, quae hunc verberat.

MERCURIUS.

Optume eccum incedit ad me.

QUARANTE-SEPTIÈME EXERCICE ANALYTIQUE.

SOSIA.

Timeo; totus torpeo.
Non, aedepol, nunc ubi terrarum sim scio, si quis roget,
Neque miser me commovere possum prae formidine.
Ilicet mandata heri perierunt, una et Sosia.
Verum certu' st confidenter hominem contra colloqui.
Igitur quî possim videri huic fortis, a me ut abstineat manum.

MERCURIUS.

Quo ambulas tu, qui Volcanum in cornu conclusum geris?

SOSIA.

Quid id exquiris tu, qui pugnis os exossas hominibus?

MERCURIUS.

Servos esne, an liber?

SOSIA.

Utcunque animo conlubitum est meo.

MERCURIUS.

Ain' vero?

SOSIA.

Aio enimvero.

MERCURIUS.

Verbero.

SOSIA.

Mentiris nunc jam.

MERCURIUS.

At jam faciam ut verum dicas dicere.

SOSIA.

Quid eo est opus?

MERCURIUS.

Possum scire, quo profectus, quojus sis, aut quid veneris?

SOSIA.

Huc eo; heri mei sum servos. Numquid nunc es certior?

MERCURIUS.

Ego tibi istam hodie scelestam comprimam linguam.

SOSIA.

Haud potes;
Bene pudiceque asservatur.

MERCURIUS.

Pergin' argutarier?
Quid apud hasce aedis negotii est tibi?

SOSIA.

Immo quid tibi 'st?

MERCURIUS.

Rex Creo vigiles nocturnos singulos semper locat.

SOSIA.

Bene facit, quia nos eramus peregre, tutatu 'st domum.
At nunc abi sane, advenisse familiares dicito.

MERCURIUS.

Nescio quam tu familiaris sis; nisi actutum hinc abis,
Familiaris accipere faxo haud familiariter.

SOSIA.

Hic, inquam, habito ego, atque horum sum servos.

MERCURIUS.

At scin' quomodo?
Faciam ego hodie te superbum, ni hinc abis?

SOSIA.

Quonam modo?

MERCURIUS.

Auferere, non abibis, si ego fustem sumpsero.

SOSIA.

Quin me hujus esse familiae familiarem praedico.

MERCURIUS.

Videsis, quam mox vapulare vis, nisi actutum hinc abis.

SOSIA.

Tun' domo prohibere peregre me advenientem postulas?

MERCURIUS.

Haeccine tua domu' est?

SOSIA.

Ita, inquam.

MERCURIUS.

Quis herus est igitur tibi?

SOSIA.

Amphitruo, qui nunc praefectu' st Thebanis legionibus;
Quicum nupta est Alcumena.

MERCURIUS.

Quid ais? Quod nomen tibi est?

SOSIA.

Sosiam vocant Thebani, Davo prognatum patre.

QUARANTE-HUITIÈME EXERCICE ANALYTIQUE.

MERCURIUS.

Nae, tu istuc hodie malo tuo, compositis mendaciis,
Advenisti, audaciae columen, consutis dolis.

SOSIA.

Immo equidem tunicis consutis huc advenio, non dolis.

MERCURIUS.

At mentiris etiam; certo pedibus, non tunicis venis.

SOSIA.

Ita profecto.

MERCURIUS.

Nunc profecto vapula ob mendacium.

SOSIA.

Non, aedepol, volo profecto.

MERCURIUS.

At, pol, profecto ingratiis.
Hoc quidem profecto certu' st, non est arbitrarium.

SOSIA.

Tuam fidem obsecro.

MERCURIUS.

Tun' te audes Sosiam esse dicere,

Qui ego sum?

SOSIA.

Perii.

MERCURIUS.

Parum etiam, praeut futurum est, praedicas.
Quojus nunc es?

SOSIA.

Tuus; nam pugnis usu fecisti tuum.
Proh fidi Thebani cives!

MERCURIUS.

Etiam clamas, carnufex?
Eloquere, quid venisti?

SOSIA.

Ut esset, quem tu pugnis caederes.

MERCURIUS.

Cujus es?

SOSIA.

Amphitruonis, inquam, Sosia.

MERCURIUS.

Ergo istoc magis,
Quia vaniloquos, vapulabis. Ego sum, non tu, Sosia.

SOSIA.

Ita Dii faciant, ut tu potius sis, atque ego te ut verberem!

MERCURIUS.

Etiam muttis?

SOSIA.

Jam tacebo.

MERCURIUS.

Quis tibi heru' st?

SOSIA.

Quem tu voles.

MERCURIUS.

Quid igitur? quî nunc vocare?

SOSIA.

Nemo, nisi quem jusseris.

MERCURIUS.

Amphitruonis te esse aiebas Sosiam.

SOSIA.

Peccaveram,
Nam Amphitruonis socium nae me esse volui dicere.

MERCURIUS.

Scibam equidem nullum esse nobis, nisi me, servom Sosiam.
Fugit te ratio.

SOSIA.

Utinam istuc pugni fecissent tui!

MERCURIUS.

Ego sum Sosia ille quem tu dudum esse aiebas mihi.

SOSIA.

Obsecro ut per pacem liceat te alloqui, ut ne vapulem.

MERCURIUS.

Immo induciae parumper fiant, si quid vis loqui.

SOSIA.

Non loquar nisi pace facta, quando pugnis plus vales.

MERCURIUS.

Dicito quidvis, non nocebo.

SOSIA.

Tuae fidei credo?

MERCURIUS.

Meae.

SOSIA.

Quid, si falles?

MERCURIUS.

Tum Mercurius Sosiae iratus siet.

QUARANTE-NEUVIÈME EXERCICE ANALYTIQUE.

SOSIA.

Animum advorte; nunc licet mihi libere quidvis loqui.
Amphitruonis ego sum servos Sosia.

MERCURIUS.

Etiam denuo?

SOSIA.

Pacem feci, foedus feci, vera dico.

MERCURIUS.

Vapula.

SOSIA.

Ut lubet, quod tibi lubet fac, quoniam pugnis plus vales :
Verum, ut ut es facturus, hoc quidem, hercle, haud reticebo tamen.

MERCURIUS.

Tu me vivus hodie nunquam facies, quin sim Sosia.

SOSIA.

Certe, aedepol, tu me alienabis nunquam quin noster siem
Nec nobis praeter me alius quisquam est servos Sosia.
Qui cum Amphitruone hinc una ieram in exercitum.

MERCURIUS.

Hic homo sanus non est.

SOSIA.

Quod mihi praedicas vitium, id tibi est.
Quid, malum! non ego sum servos Amphitruonis, Sosia?
Nonne hâc noctu nostra navis huc ex portu Persico
Venit, quae me advexit? nonne me huc herus misit meus?
Nonne ego nunc sto ante aedis nostras? non mihi est lanterna in manu?
Non loquor? non vigilo? non hic homo modo me pugnis contudit?
Fecit, hercle; nam mihi etiam misero nunc malae dolent.
Quid igitur ego dubito? aut cur non introeo in nostram domum?

MERCURIUS.

Quid, domum vostram?

SOSIA.

Ita enimvero.

MERCURIUS.

Quin quae dixisti modo,
Omnia ementitus; equidem Sosia Amphitruonis sum.
Nam noctu hac soluta est navis nostra e portu Persico.
Et ubi Pterela rex regnavit, oppidum expugnavimus;
Et legiones Teleboarum vi pugnando cepimus.
Et ipsus Amphitruo obtruncavit regem Pterelam in praelio.

SOSIA.

Egomet mihi non credo, quum illaec autumare illum audio.
Hic quidem certe, quae illic sunt res gestae, memorat memoriter.
Sed quid ais? quid Amphitruoni a Teleboïs datum est?

MERCURIUS.

Pterela rex quî potitare solitus est, patera aurea.

SOSIA.

Elocutus est. Ubi patera nunc est?

MERCURIUS.

In cistula,
Amphitruonis obsignata signo est.

SOSIA.

Signi dic quid est?

MERCURIUS.

Cum quadrigis sol exoriens. Quid me captas, Carnufex?

CINQUANTIEME EXERCICE ANALYTIQUE.

SOSIA.

Argumentis me vincit, aliud nomen quaerendu' st mihi.
Nescio unde haec hic spectavit. Jam ego hunc decipiam probe.
Nam quod egomet solus feci, nec quisquam alius adfuit
In tabernaculo, id quidem hodie numquam poterit dicere,
Si tu Sosia es, legiones quum pugnabant maxume,
Quid in tabernaculo fecisti? Victus sum, si dexeris.

MERCURIUS.

Cadus erat vini; inde implevi hirneam.

SOSIA.

Ingressu' st viam,

MERCURIUS.

Eam ego, ut matre fuerat natum, vini eduxi meri.

SOSIA.

Mira sunt; nisi latuit intus illic in illac hirnea.
Factum est illud, ut ego illic vini hirneam ebiberim meri.

MERCURIUS.

Quid nunc? vincon' argumentis te non esse Sosiam?

SOSIA.

Tu negas med esse?

MERCURIUS.

Quid ego ni negem, qui egomet siem

SOSIA

Per Jovem juro med esse; neque me falsum dicere.

MERCURIUS.

At ego per Mercurium juro tibi Jovem non credere.
Nam injurato scio plus credet mihi, quam jurato tibi.

SOSIA.

Quis ego sum saltem, si non sum Sosia? Te interrogo.

MERCURIUS.

Ubi ego Sosia nolim esse, tu esto sane Sosia.
Nunc, quando ego sum, vapulabis, ni hinc abis, ignobilis.

SOSIA.

Certe, aedepol, quom illum contemplo, et formam cognosc meam
Quemadmodum ego saepe in speculum inspexi, nimis similis est mei.
Itidem habet petasum, ac vestitum; tam consimil' st atqu ego.
Sura, pes, statura, tonsus, oculi, nasum, dens, labra,
Malae, mentum, barba, collum, totus; quid verbis opu' st?
Si tergum cicatricosum, nihil hoc simili est similius.
Sed quom cogito, equidem certo idem sum qui semper fui.
Novi herum, novi aedis nostras. Sane sapio et sentio.
Non ego illi obtempero quod loquitur; pultabo foris.

MERCURIUS.

Quo agis te?

SOSIA.

Domum.

MERCURIUS.

Quadrigas si nunc inscendas Jovis,
Atque hinc fugias, ita vix poteris effugere infortunium.

SOSIA.

Nonne herae meae nuntiare quod herus meus jussit, licet?

MERCURIUS.

Tuae si quid vis nuntiare, hanc nostram adire non sinam.
Nam, si me inritassis, hodie lumbifragium hinc auferes.

SOSIA.

Abeo potius, Dì immortales, obsecro vostram fidem!
Ubi ego perii? ubi immutatus sum? ubi ego formam perdidi?
An egomet me illic reliqui, si forte oblitus fui?
Nam hic quidem omnem imaginem meam, quae antehac fuerat, possidet.
Vivo fit, quod nunquam quisquam mortuo faciet mihi.
Ibo ad portum, atque haec uti sunt facta, hero dicam meo.
Nisi et is quoque me ignorabit, quod ille faciat Jupiter,
Ut ego hodie raso capite calvos capiam pileum.

FIN.

TABLE

DES

Matières contenues dans l'Ouvrage.

FIN DE LA TABLE.

Liste

DE

M^rs les Souscripteurs.

A

ADEANE (Mlle L.)

AINSLIE (Mlle Catherine), Ecossaise.

ALESSANDRI (le ch^er G. Degli).

ALIX (Mlle), maîtresse d'institution de jeunes personnes, rue de Clichy, n° 43.

AMBROSI, prof^r de langue et de littérature italiennes, et de langue latine.

ANDOVER (the Viscount).

ARTAUD, homme de lettres.

ASTOR, des États-Unis.

ASTOR (B.), des États-Unis.

AUSTIN (Mlle Georgeinna Joanna), élève de M. Biagioli.

B

BALL.

BARBAR (Mlle Théophile), élève de M. Biagioli.

BARIATINSKI (la princesse).

BARING (Mme Henry, née Windham), élève de M. Biagioli.

BARRACO, profr de langue et de littérature italiennes, à Londres.

BECCATELLI, de la bibliothèque du Cabinet du Roi, profr de langue et de littérature italiennes, de latin, et l'élève de M. Biagioli.

BERGER (G.).

BESCHERELLE (Henry), élève de M. Biagioli.

BEVILACQUA (Ottaviano, profr de langue et de littérature italiennes à Naples.

BISSET (the Rev. G.).

BISSET (the lady Catherine).

BLANCHON, architecte.

BLANGINI, surintendant 4me de la musique du Roi, directeur adjoint de la musique de S. A. R. MADAME, duchesse de Berri, compositeur de la Chambre de S. M., membre de l'académie des Philharmoniques de Turin, etc.

BOBLET (Mlle C.), profr d'italien et de français, élève de MM. Lemare et Biagioli.

BOOTH.

BRETT (Thomas Brandon).

BROOME (miss).

BULLER (Mlle).

BULLIER, prof^r^, élève de M. Colart.

BUTCHER (miss Helena), élève de M. Biagioli.

C

CALLAGHAN (Luc-Auguste).

CALLAGHAN (Céleste).

CALLAGHAN (Anna).

CALNER (F. M.).

CERTAINES (de).

CHABANNES (le comte de).

CHALMER (miss).

CHARTRAN, élève de M. Biagioli.

CHEVALS, banquier.

CHRESTIEN, éditeur propriétaire des Affiches de la Seine.

COLARD.

COLART, instituteur de L. A. R. Mgr le Duc de Bordeaux et MADEMOISELLE.

CONNER (Mlle).

CONSUL, de la musique particulière de la chambre et de la chapelle du Roi.

COSGREVE (miss J.).

CUSSY (Hector).

15

D

DAKINS (Mlle), élève de M. Biagioli.

DASSIEU.

DEBASTE, homme de lettres.

DELAMATHE, auteur d'une traduction en vers français de l'*Enfer* du Dante.

DELARUE (Mme), élève de M. Biagioli.

DE PONT (Mlle), élève de M. Biagioli.

DELIGNY (Victor), élève de M. Biagioli.

DESBAINS (Mlle), élève de M. Biagioli.

DRURY HOLDEN (eq^{re}).

DUFILHOL, principal du collége de Lorient.

DUPUYTREN (le baron), chirurgien en chef de l'Hôtel-Dieu, etc.

DURICAN (miss Agnes), élève de M. Biagioli.

DUTTON (the honble miss).

DUTTON (the honble M^{r}).

DUTTON (the lady Elizabeth).

F

FLUDGER (S.)

FONZI, Napolitain, chirurgien dentiste, membre de l'Athénée des Arts de Paris et de la Société des Amis de Madrid.

FOUCHER (le vicomte Auguste de).

FOURNIER-VERNEUIL (Mlle), élève de M. Biagioli.

FRATER, prof^r^ de langues étrangères au collége de Lorient.

FREEMAN (Mme).

G

GALÈS.

GASPARI (Mme), maîtresse de langue italienne, éleve de M. Biagioli.

GENT (Mme Marie).

GERARD (le baron), peintre.

GESCHWENDT, prof^r^ de langues.

GIORGIANI (Stefano), medico.

GIOVANOLA, artiste italien.

GIQUEL.

GRAY (J.-C.), de Boston.

GUÉRIN (Jules), D.-M.-P., rédacteur en chef de la *Gazette de Santé*, rue de Lulli, n° 1.

H

HARDOUIN, élève de M. Biagoli.

HAYWARD, médecin.

HENLEY (Mlle).

HOUE, de New-Yorck.

HOUGTON (Mme).

HOULDING (miss).

HOUSEAL (E. W. W. G.), instituteur.

HOWARD (the lady Julia).

HOWARD (the lady Jane).

HOWARD (the lady Mary).

HOWARD (the lady Frances).

J

JAMES (Mlle).

JARDINE (miss).

JAUVIN (Jules), élève de M. Biagioli.

JOHNSTON (Mlle), élève de M. Biagioli.

JOHNSTON (Mlle Hannah), élève de M. Biagioli.

JOHNSTON (Mlle Jane), élève de M. Biagioli.

JOHNSTONE (Mlle).

JOMS (Mme).

JOMS (Mlle).

K

KIECKHOEFER (le ch^er^), consul général du Brésil.

L

LACHAT, élève de M. Colart.

LACOUR, lieutenant au 2me régiment d'infanterie de la Garde royale.

LAGRANGE, attaché à la bibliothèque royale de l'Arsenal.

LANDO (le docteur).

LEAVINVORTH, de New-Yorck.

LECLERC, prof^r^ de langues à Edimbourg, élève de M. Biagioli.

LECONTE, élève de M. Biagioli.

LENCQUESAING (Albert de), chef d'escadron en retraite, ch^er^ de St-Louis et de la Légion-d'Honneur.

LENOIR, prof^r^ de langues, élève de M. Biagioli.

LÉVI, prof^r de belles-lettres, d'histoire et de géographie, membre de la Société grammaticale, etc.

LINELY (Mlle Anne).

LIVERATI, prof^r de chant à l'Académie royale de musique, à Londres.

LOFFET (Adolphe), prof^r de langues.

LOOS, chef d'institution, rue Ste-Anne, n°. 51, et rue Neuve-des-Petits-Champs, n°. 36.

LOWNDES (Malth. Dobson), procureur à Liverpool.

M

MAK-CALL (Mme).

MAKAY (Mlle Erica), élève de M. Biagioli.

MAILLOT.

MARGERIE, élève de M. Biagioli.

MARILLER, prof^r de langues, élève de M. Biagioli.

MARIN, dessinateur.

MARSHALL (Mlle Esther).

MARTIN (Emile), élève de M. Biagioli.

MATTHEW (Mlle).

MEEKES (J.-A.), chirurgien.

MEYERBEER (J.).

MILLON, prof^r de langue française, auteur des *Exercices étymologiques*, et du *Jeu typographique*, dédiés aux Enfans de Mgr le duc d'Orléans.

MILON (Mlle), prof^r de langues.

MILON (Mlle Rosalie), prof^r de langue et de littérature italiennes, élève de M. Biagioli.

MOENOT.

MORANDI (maestro di cappella).

MOREAU, homme de lettres.

MORET (Mlle Émilie), élève de M. Biagioli.

MOULE.

MURPHEY (esq^r).

N

NEGLIGAN (Mme).

NODIER (M. le ch^er), conservateur de la bibliothèque royale de l'Arsenal.

NOËL, bachelier ès-lettres.

O

O'HARA junior (esq^r).

OLIVER (miss Thomasine), élève de M. Biagioli.

OLIVER (miss Isabella), élève de M. Biagioli.

OLIVER (miss Maria), élève de M. Biagioli.

OLIVIER (Mme), élève de M. Biagioli.

ORRY (Mlle).

P

PEARSON (Mlle Jane).

PEGLER.

PERCOT.

PERIÈS, homme de lettres.

PEROT.

PETIT, professeur.

PETRONJ, littérateur italien, profr de langue et de littérature italiennes, et profr de prononciation et de déclamation à l'Académie royale de musique, à Londres, etc.

PITARO, docteur de la faculté de Naples, de Salerne, de Paris, etc.

PRITCHARD (Edw.), esqr.

PUJOL Do Ste-Eulalie.

PUTOT, homme de lettres.

R

RAIMBERTSEVIN, propriétaire à Châteaudun.

RAMSAY (baronnet sir James).

REGNAUCOURT (M. de), élève de M. Colart.

REMY, élève de M. Colart.

RIVAIL, chef d'institution, rue de Vaugirard, n° 65.

RIVOAL.

ROBINSON (miss Mary).

ROGER, capitaine au 18e régiment d'infanterie légère.

ROWLES (Mlle), élève de M. Biagioli.

RUCCO, docteur du collége de Londres.

RUE, élève de M. Colart.

RULLIER, docteur en médecine de la faculté de Paris, membre de l'Académie royale de médecine, médecin au bureau central d'admission dans les hôpitaux, etc.

S

SAMBAT (Mlle A.), peintre.

SEARLE, citoyen des États-Unis.

SHORT (Charles), capitaine.

SAINT-LÉGER (Albert).

STUART WORTLEY (miss).

SUFFOLK (the earl of).

SUFFOLK (the countess of).

T

TAJAN, élève de M. Biagioli.

TALON (Mlle Alphonsine), élève de M. Biagioli.

TEIGNE (Mlle Caroline).

TERCY, homme de lettres.

THIERRY, homme de lettres, prof^r. de langues.

THOMPSON (Mlle).

THYNNE (lady Charlotte).

TOMKINSON.

TROLLOPE (John).

TROLLOPE (Mlle Élisabeth).

TROLLOPE (Mlle Fanny).

V

VENABLES (Mlle), élève de M. Biagioli.

VEYRON, censeur au collége royal de Nantes.

VIKERY (Mlle Frances), élève de M. Biagioli.

VIKERY (Mlle Emily), élève de M. Biagioli.

VISTORTE.

VULLY (Mlle), élève de M. Biagioli.

WALN.

WARD.

WARD (James).

WARD (miss).

WHIELDON, élève de M. Biagioli.

WHIELDON (miss Elisabeth), élève de M. Biagioli.

WHITEHEAD (Mme).

WHYTE.

WORMS (Gabriel).

Y

YVAN (le baron), officier de la Légion-d'Honneur, chirurgien en chef des Invalides.

Z

ZEILTZCHE.

AMBROSI, prof[r] de langue et de littérature italiennes, de latin, et de déclamation, rue Ste-Anne, n°. 61.

FIN DE LA LISTE DE MM. LES SOUSCRIPTEURS.

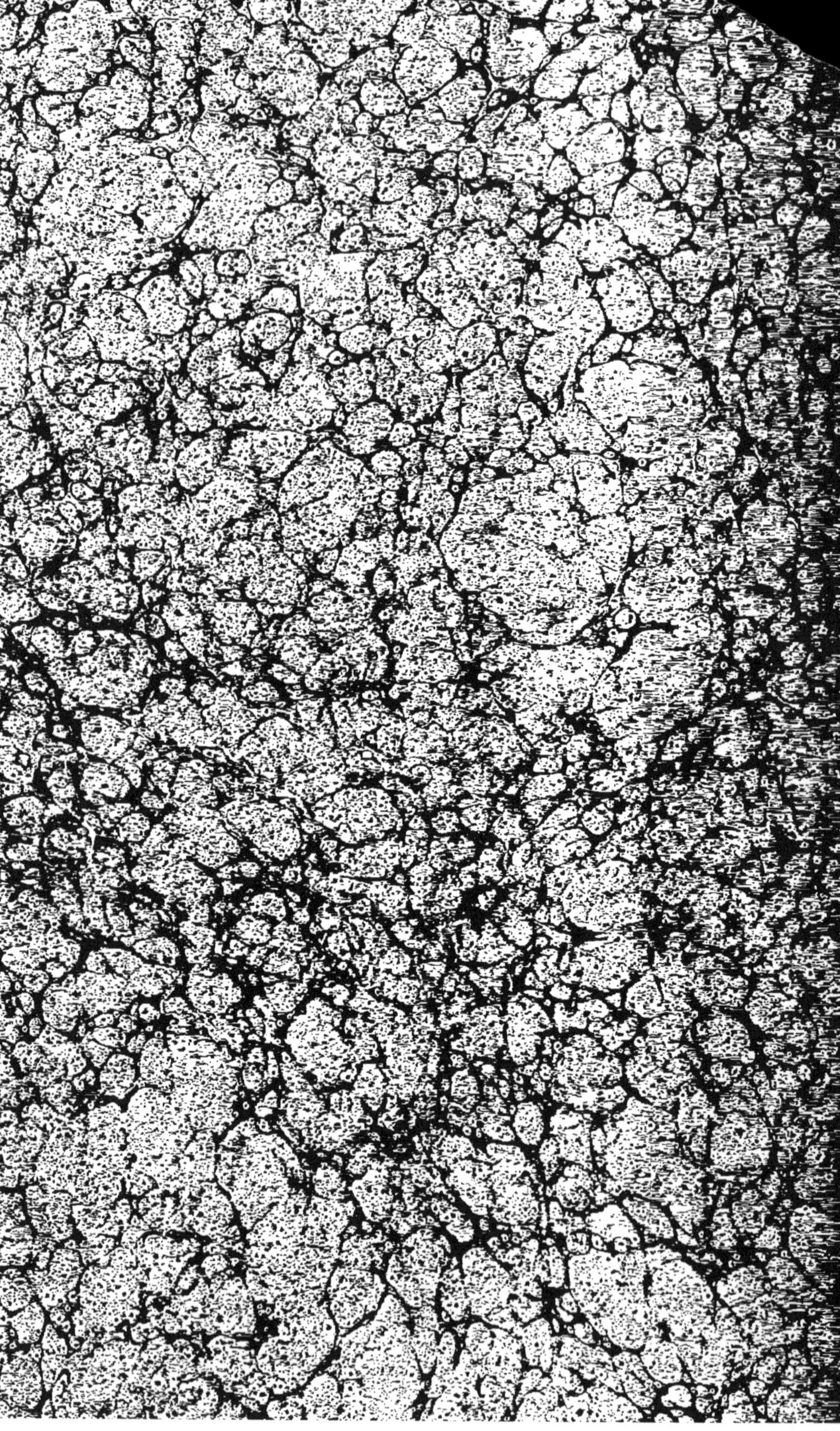

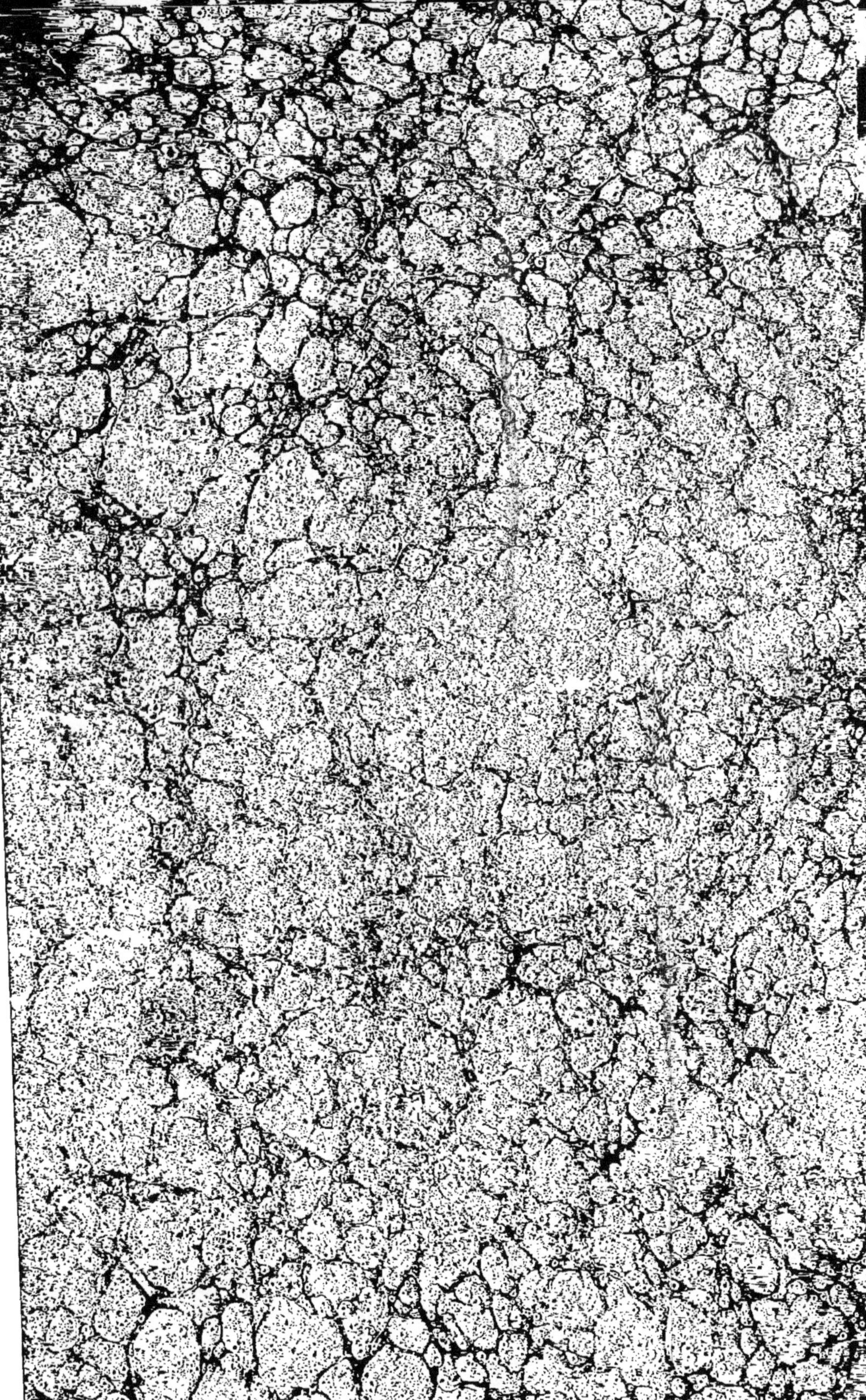

www.ingramcontent.com/pod-product-compliance
Ingram Content Group UK Ltd.
Pitfield, Milton Keynes, MK11 3LW, UK
UKHW022040190726
13855UKWH00002B/365

9 782013 254724